平凡社新書
464

日銀を知れば経済がわかる

池上彰
IKEGAMI AKIRA

HEIBONSHA

はじめに――未曾有の金融危機に立ち向かう

世界を恐慌に陥れた一言

世界を変えた一言。二〇〇八年九月一二日、アメリカのヘンリー・ポールソン財務長官の発言は、「世界の風景」を変えました。

「リーマン・ブラザーズに公的資金を投入する計画はない」

この一言が、アメリカの、そして世界の金融界をパニックに陥れたのです。

金融界は、この発言を次のように受け止めました。これほど大手の金融機関であってもアメリカ政府は救済を考えない。ということは、より規模の小さい金融機関が経営危機に陥っても、見殺しにされるだけだろう。これだけ金融不安が広がっている中では、これからも金融機関の破綻が相次ぐはずだ。金融機関の株は、とりあえず売り払っておこう。

我が社の取引先の金融機関は大丈夫だろうか。資金を貸し出しても返済されなかったら、我が社の経営に影響する。金融機関へ資金を貸すのは当面見合わせておこう。

金融機関が破綻したら、その金融機関から資金を借りている企業が、金融機関から返済を迫られ、経営が苦しくなるだろう。そんな企業に資金を貸していたら心配だ。当面どの企業にも資金を貸し出すのはやめておこう。返済の満期が来て資金が返済されたら、次の新規融資は断ろう。

こうした不安は、アメリカからヨーロッパ、日本にも広がり、世界のお金の流れは止まってしまいました。

金融機関は、手元に多額の現金を持たず、常に相互に資金を融通し合っています。お互いが資金を貸し借りすることで、お金の流れは止まらず、〝経済の潤滑油〟の働きをしています。それが止まれば、運転資金を入手できずに経営破綻に追い込まれる金融機関が相次ぎます。

こうなればリーマン・ブラザーズの経営破綻は時間の問題。三日後の九月一五日、一五〇年の歴史を持つ老舗の投資銀行（証券会社）は連邦破産法の適用を申請し、倒産。金融業界の不安は現実のものになりました。

負債総額は六〇〇〇億ドル（当時の日本円で約六四兆円）を超え、アメリカ史上最大の倒産劇となりました。

アメリカをはじめ世界の株式市場は大暴落。かくして世界金融恐慌の舞台が幕開いたのです。「百年に一度」という歴史的な世界恐慌の始まりでした。

リーマン・ブラザーズの破産法適用申請のニュースが流れた一五日、ニューヨークの銀行間短期金融市場でFF（フェデラル・ファンド）金利が一時八％ないし九％にまで跳ね上がりました。資金の流れが止まり、どうしても資金を借りなければならない金融機関は、法外な金利を払わなければならない立場に追い込まれたのです。

「大きすぎてつぶせない」はずだったが

金融機関というのは不思議なものです。銀行だって株式会社。経営状態が悪化すれば倒産することがあります。一般の民間企業が倒産しても政府が救援の手を差し伸べることはないのに、銀行となると、政府が公的資金を投入して支えようとします。不公平な気がします。

しかし、銀行が破綻すると、預金者による取りつけ騒ぎが起きたり、金融機関同士の取引が止まったり、という金融不安が発生します。いったん金融不安が起きると、経済はマヒ状態になります。これは、一九九〇年代の日本が経験済みです。

このため政府や中央銀行は、中小の金融機関はともかく、大きな金融機関の破綻は、なんとか避けようと行動します。つまり「大きすぎてつぶせない」のです。

これが世界の金融界の常識だったのですが、共和党のブッシュ政権は、民間企業への政府の口出しを嫌いました。共和党は、そもそも政府が民間経済に口を出すべきではないと考えているからです。それが結果として、世界の金融恐慌の引き金を引いたのです。

FRB、緊急融資に動く

リーマン・ブラザーズの経営破綻は、大手保険会社AIG（アメリカン・インターナショナル・グループ）の経営危機に直結しました。お金の流れが止まったことで、資金繰りに窮してしまったのです。

保険会社は、企業が倒産したときに損害を補償する「クレジット・デフォルト・スワップ」（CDS）という金融商品を大量に販売していました。大手企業の倒産は、AIGのような保険会社の支払い額が急増することを意味します。保険会社の経営危機に直結するのです。とりわけAIGが心配されていました。

この危機にFRB（連邦準備制度理事会）が動きました。翌一六日、AIGに対して八五〇億ドルもの緊急融資を決めたのです。

FRBについては、第11章で詳しく説明しますが、アメリカの中央銀行のこと。日本の日本銀行と同じような立場です。世の中のお金の流れが止まってしまったら、中央銀行が資金を融資するしかありません。中央銀行は、「最後の貸し手」と呼ばれます。ＦＲＢが乗り出して、ＡＩＧを救済したのです。

リーマン・ブラザーズの破綻の際には救済に動かなかったのに、ＡＩＧの危機には動く。アメリカ政府の行動には一貫性が見られませんでした。

リーマン・ブラザーズの経営危機に際して救済に動こうとしなかった判断ミス。それが招いた重大な結果に狼狽した政府やＦＲＢが、同じ過ちを犯さないように行動したためでした。金融政策の判断のむずかしさを痛感させます。

「金融安定化法案」否決という番狂わせ

判断ミスはアメリカの政治家たちも犯しました。

金融不安を解消するため、金融機関が保有する不良資産を公的資金で買い取ろうという金融安定化法案が、九月二九日、連邦議会下院で否決されたのです。

ニューヨークのウォール街は金融産業の代名詞。リーマン・ブラザーズに代表されるウォール街の投資銀行は、経営陣も社員も高給取りで知られていました。そんな企業の破綻防止のために、なぜ国民の金を使うのだ。これが一般国民の素朴な疑問です。一一月の大統領選挙に合わせて行われる上下両院の選挙を前に、連邦議会の議員たちは、「国民の税金で高給取りの企業を救済する法案に賛成した」と有権者に思われることを恐れました。目前の自分の選挙を意識して、金融危機を回避する法案に反対したのです。

よもやの否決。これが、第二の衝撃でした。金融危機の深化と拡大を予想した投資家は株を投げ売り。ニューヨーク株式市場ではダウ平均株価が七七七ドルもの大幅下げを演じました。

この反応に驚いた連邦議会下院は一〇月三日、金融安定化法案を修正して成立させましたが、時すでに遅し。金融恐慌の津波は世界に波及していました。

FRB、金利引き下げに動く

金融不安解消に向けてFRBは動きます。アメリカの金利の基準になっているFF金利の誘導目標を一〇月末に〇・五%引き下げ、年一%にしたのに続いて、一二月一六日には、事実上のゼロ金利にまで引き下げました。

さらに、住宅ローン債権を担保に発行された証券を、FRB自らが大量に買う方針も明らかにしました。市場に資金を大量に供給するという、いわゆる「量的緩和」政策に踏み出したのです。

住宅ローン債権を担保にした証券は、リーマン・ブラザーズの破綻以降、取引が止まり、値段がつかない状態が続いていました。FRBがこれを買い上げることで、市場に安心感を呼び起こし、いったん止まった資金の流れを復活させようとしたのです。

中央銀行があらゆる手段を動員して金融不安の解消に努める。FRBは、その方針を明らかにしました。

日本銀行が異例の手段に出た

日本銀行も動きました。世界的な金融不安のあおりを受けて、一〇月一〇日には、中堅の生命保険会社である大和《やまと》生命が破綻しています。アメリカの景気悪化の見通しを嫌ってドルを売って円を買う動きも広がり、円高が進んでいました。円高は輸出産業の経営を直撃します。日本の中央銀行としても、事態を座視できなくなっていました。

一〇月三一日には、七年七か月ぶりに政策金利の誘導目標を引き下げ、〇・五%から〇・三%に下げました。

それでも不十分だとみると、一二月一九日には、誘導目標の金利を〇・一%にまで再度引き下げ。ほとんどゼロ金利政策に等しい状態にまで踏み込みました。

日銀の決断の直前、一六日にFRBが金利引き下げを決めたことで、日米の金利差は逆転。日本の方が金利が高くなったため、円買いドル売りが加速し、一ドルが八〇円台に突入するという急激な円高になっていました。この円高を阻止するのも、日銀の金利引き下げの大きな目的でした。

さらに、CP（コマーシャル・ペーパー）という満期一年以内の社債を日銀が直接買い取り、企業が資金調達をしやすくするという方針も明らかにしました。

これまで、一般の銀行が保有しているCPを日銀が買うことはありましたが、一般の銀行に代わって日銀が直接企業からCPを買うのは極めて異例のことです。

金融不安が広がったことで、一般の銀行は、企業が発行するCPの購入に二の足を踏んでいました。一般の銀行がリスクを取れないなら、日銀がリスクを取る。「最後の貸し手」の役割を買って出たのです。

金融不安が広がり、資金の貸し手が市場から姿を消したとき、「最後の貸し手」として立ち現れる中央銀行。それが、アメリカのFRBであり、ECB（欧州中央銀行）であり、日本銀行です。

しかし私たちは、中央銀行とりわけ日本銀行の役割を、どれだけ知っているでしょうか。

日銀の決定で市場が動く

日銀が金利を引き上げたり、引き下げたり、景気の先行きを占う「日銀短観」が発表されたりするたびに、株価は上下し、円相場も上下します。市場関係者は、日銀の一挙手一投足に注目しているのです。

二〇〇八年一〇月三一日の金融政策決定会合で、政策金利をそれまでの〇・五%から〇・三%に引き下げることを決めたとき、実は下げ幅をめぐって会合に出席している委員たちの意見が分かれました。〇・三%への引き下げに賛成四人、反対四人と同数になったのです。

本来の日銀の金融政策会合に出席するメンバーは、このようなことがないように九人という奇数に設定されているのですが、空席になった委員一人のポストが埋まらないまま八人で会合を開いたため、こうした事態になったのです。結局、議長である白川方明総裁の裁定で決着しました。

政策金利が〇・三%になるというニュースが伝わると、「〇・二五%に下がるだろう」と事前に予想していた市場は落胆。株価が暴落しました。日銀は、景気のことを考えて金利引き下げを決めたのですが、市場は「下げ幅が少ない」と失望したのです。

日銀は、景気の動向を見るだけでなく、「市場の期待」まで考慮しながら判断していかなければならない宿命を背負っています。その場合、「市場の受け止め方」

が間違ってしまわないように、あらかじめ市場と「対話」を重ね、日銀が望む「市場の期待」を形成するというコミュニケーション能力も問われるのです。

私はいま「政策金利」という用語を使いましたが、日本銀行が、いまだに「公定歩合」で金利を上下させていると思い込んでいる人も多いのではないでしょうか。もはや日銀は、公定歩合という用語すら廃止してしまったのですが。

FF金利や政策金利の誘導目標など、経済ニュースに登場する用語の数々。あなたは、果たしてどれだけ知っているでしょうか。

この本は、日本銀行の仕事を知ることで、金融の仕組みを理解し、さらには経済の仕組みも概観できるようにすることを目標にしています。

紙幣を発行するだけではない、日本銀行の仕事を見ていきましょう。

日銀を知れば経済がわかる●目次

はじめに――未曾有の金融危機に立ち向かう…………3

第1章 そもそも金融とは何か…………21
資金を融通する仕事／私たちは銀行に貸している
直接金融と間接金融／金融は経済の「潤滑油」
金融機関が破綻したら？／「ペイオフ解禁」が拡大とは？
ペイオフには「保険」がある／なぜ全額を保護しない？

第2章 日本銀行は「銀行の銀行」だ…………37
日銀の三つの役割／日銀は「銀行にとっての銀行」だ
銀行同士のお金のやりとりの場／銀行も日銀に預金する
あらかじめ「準備」する預金／日銀は「最後の貸し手」
バブルの処理で日銀特融続発

第3章 日本銀行は「政府の銀行」だ…………49
日銀は「政府にとっての銀行」／一般の銀行が日銀の代理店に
国のお金の出し入れ／国債の発行事務も日銀の担当

第4章　日本銀行は「発券銀行」だ……………57
お札がその国を象徴する／日本銀行は紙幣を発行する
日銀から出たとたん「紙」が「お札」に／お札は世の中を回る

第5章　紙幣はいくらでも発行できる？……………67
「国にお金がなければ刷ればいい」？／「デフレ脱却に政府紙幣」のアイデアも
日銀の国債買い取りにもリスクが／「お金」はこうして誕生した
やはり金や銀がいい／紙幣が生まれたわけ／そして中央銀行が生まれた

第6章　日銀はこうして誕生した……………81
はじめは「国立銀行」が乱立した／貨幣制度も整備された
日本銀行が生まれたわけ／当初は銀本位制だった
日清戦争の勝利で金本位制を確立／世界恐慌の中で金本位制が終了

第7章　「公定歩合」はなくなった――金融政策の仕組み……………91
日銀の目標は「物価の安定」／「金利調節」とは？
「公定歩合」ではなくなった／「呼べば戻る」コール市場
国債を売買する／「公定歩合」は「基準貸付利率」に

なぜ「補完貸付制度」ができた？／世界金融危機で日銀は金利を引き下げた
異例の「CP買い取り」に踏み切る／日銀は当座預金に金利をつけた

第8章 日銀の政策委員会とは………109
政策委員会はいわば会社の取締役会だ／審議委員は常勤だ
金融政策を決める会合が重要／政府の代表も二人参加
日銀の組織はどうなっているのか／中央銀行は独立性が大事
かつては政治に弱かった／「スリーピング・ボード」と呼ばれた
不祥事に揺れたことも／幹部の給与は引き下げへ／天下り先には事欠かず
日銀、新体制へ／新日銀法で独立性高まる／議論が活発になった
総裁承認めぐり混乱／「財金分離に反する」と民主党が反対

第9章 ゼロ金利政策で悪戦苦闘………145
厳しい批判を浴びる日銀の金利政策／「プラザ合意」で円高不況に
連続五回も金利を引き下げ／日銀、金利引き上げをためらう
バブル退治で不景気に／ついに金利をゼロまで引き下げた／ゼロ金利を解除した
ゼロ金利復活への模索／「日本版ロンバート型貸し出し」の新設
金利はゼロ以下に下げられない／ゼロ金利から量的緩和へ

「市場の期待」対策に「時間軸効果」も／「インフレ目標《ターゲット》」の主張高まる
預金残高目標、次々に上積み／効果がなかった？
ついに銀行保有株買い取りへ／量的緩和政策を解除
日本の低金利が世界のバブルを生んだ

第10章　景気の動向を常に監視…………177
「日銀短観」は常に大ニュース／日銀短観はアンケートだ
「業況判断」はこうして計算／「景気」判断は「気持ち」が大切
発表前の「短観」の情報管理は厳格／「金融経済月報」も注目される
政策委員の判断示す「展望リポート」／「現場の息づかい」を調べる
地域の声をまとめる／矢印で景気動向を示す工夫も
日銀も銀行をチェックする／金融庁の検査と日銀考査の違い
金融機関には「三つのリスク」がある／緊張感と、天下りと

第11章　FRBは「アメリカの日銀」…………201
金融危機対策でゼロ金利に／分散型の連邦準備銀行へ
連邦準備銀行をいくつ設置するか／一晩で救援を求めに行ける距離に
全体を統括するFRB／連邦準備銀行、米国債購入へ

大恐慌で組織強化／マエストロと呼ばれたグリーンスパンだが
「ヘリコプター・ベン」／ケチャップならぬ長期国債を買うバーナンキ

第12章　金融グローバル化時代の日本銀行……217
金融恐慌のさなか、「歴史的な会合」に／ドルを基軸通貨として再確認
「ブレトンウッズ体制」／国際通貨「バンコール」の見直しへ
外国為替相場への介入も業務／世界の金融不安対策も担う日銀
ヘッジ・ファンドのもくろみを阻止／アジアの債券市場の育成にも
やがて「アジア共通通貨」へ

おわりに——日銀は「奴雁《どがん》」たりうるか……234

主要参考文献……237

イラスト＝斉藤美奈

第1章

そもそも金融とは何か

資金を融通する仕事

日本銀行という中央銀行の仕事を見る前に、そもそも金融とは何かという点を、簡単におさらいしておきましょう。

金融とは、世の中で「お金が余っている所」から、「お金が必要な所」にお金を融通する仕事です。「金を融通」するから「金融」なのです。

「お金が余っている」といっても、何も金持ちだけの話ではありません。あなただって、すぐには使う予定のないお金を銀行や郵便局に預けておきますね。すぐに使う予定のない資金。これが「余っているお金」です。

一方、現在の仕事を継続させるための運転資金が必要な会社、新しい事業を始めるために資金が必要な企業が存在します。双方をつなぐのが金融の仕事です。

とりあえず使う予定のないお金を持っている人は、タンス預金しておくよりは、少しでも増やしたいと考えますね。どこかにお金を貸して利子を受け取れれば、多少なりとも資金を増やすことができます。

しかし、お金を安心して貸し出す先を見つけるのは、素人には容易なことではありません。うっかり貸して、相手の企業が倒産したら、大事なお金が戻ってきません。貸した資金がきちんと戻ってきて、それなりの利子も受け取れるのは大変なことです。

一方、資金を借りる側も大変です。まとまった資金を貸してくれて、法外な利子を要求せず、計画通りに資金を返済すれば文句を言わないという人や会社は、なかなか見つかりません。資金を借りたら、途中で金利の引き上げを要求され、断ったら資金を引き揚げられたりしたら困ります。

そこで、「余っているお金」をまとめて預かり、きちんと返済する会社にお金を貸すという仕事が大切になります。この仕事をしているのが金融機関なのです。

金融機関はプロとして、貸したお金をきちんと返せる会社を見つけなければなりません。もし返済が滞ったら、貸した資金の代わりに取り上げるものを、あらかじめ担保として設定します。そのためには、相手企業の経営内容を分析できなければなりませんし、担保価値も適切に判断できなければなりません。これが金融機関の仕事なのです。

私たちは銀行に貸している

あなたが銀行に預金するとき、あなたは意識していないかも知れませんが、実はあなたは銀行にお金を貸しているのです。

一般にお金を貸し出す際には担保を取りますね。あなたが銀行に資金を貸す際の「担保」とは、何なのでしょうか。そんなことを考えたことはないでしょう。

では、あなたは、どうして担保なしで銀行にお金を「貸して」いるのでしょうか。それは、銀行に預けたお金は、いつでも引き出せると思っているからではないですか。つまり、あなたには、銀行に対する「信用」が存在しているのです。

そうです。あなたが銀行にお金を貸し出す際の「担保」とは、「信用」なのです。あなたは無意識のうちに、銀行から信用という担保をとってお金を貸しています。つまり、「この銀行に預金しても大丈夫だな」と考えて預金しているのです。

銀行は、あなたの信用に応えるべく、重厚な建物を建て、銀行員はきちんとスーツ姿でネクタイを締め、窓口の女性は制服を着て、丁寧な応対をしています。

それだけに、銀行に信用がなくなれば、預金者は一斉に預金を引き出します。「担保」がなければお金を貸せないからです。

このように考えれば、金融とは、「信用」によって成り立っていることがわかります。信用が崩れれば、金融も崩壊します。このため政府は、信用の維持に懸命になります。日本銀行のような中央銀行も、金融の信用を支えるために存在しているのです。この点については、後ほど改めて考えましょう。

直接金融と間接金融

金融という仕事をしているのは銀行に限りません。証券会社も金融機関です。

会社は、銀行からお金を借りる以外にも、株を発行して資金を集めます。株で資金を集めて設立された会社が、株式会社です。

株式会社は新規の事業を始める資金が必要になると、株を新たに発行して資金を集めることがあります。その際、株の発行や販売の手伝いをするのが証券会社です。

直接金融と間接金融

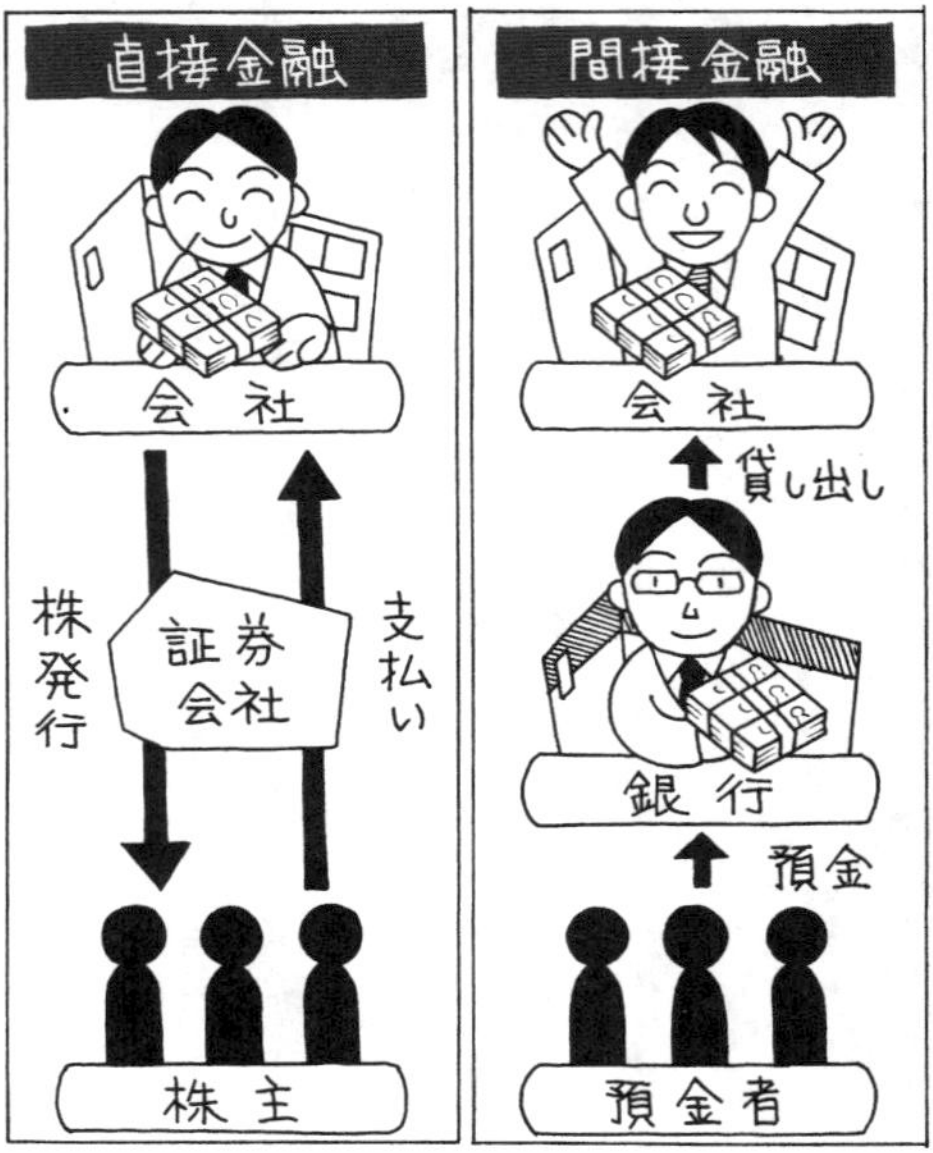

「お金の余っている」人が株を買い、そのお金が株を発行した会社に入るという点で、これも金融なのです。

　会社が株を発行して直接資金を集める方法を「直接金融」といいます。これに対して、銀行から資金を借り入れる場合は、いったん銀行が集めた資金を借りるという点でワンクッション置いていますね。これを「間接金融」といいます。

証券会社が関与するのが直接金融で、銀行が関わるのが間接金融なのです。

金融は経済の「潤滑油」

企業は、直接金融にしろ、間接金融にしろ、金融によって資金を調達でき、仕事を続けたり、発展させたりできています。その意味で、金融とは、大変大切な仕事です。いわば経済を順調に動かす「潤滑油」の働きをしているといってもいいでしょう。

しかし、いくら大切な仕事だといっても、金融が経済の中心になるというのは、いささか無理があります。金融は、商品やサービスという新たな富を作り出す手伝いをしているのです。その手伝いをすることによって、利益を得ています。

利益を得たり、損害を出さないようにしたりするために、金融機関も知恵を絞ります。その過程で、「デリバティブ取引」など多様な手法が編み出されました。この手法によって、莫大な利益を得られるようになった金融機関も登場しました。

しかし、この利益は本来、他人の資金を預かって運用したことにより生まれたもの。その資金が、新しい富を生み出してこそ、世の中は豊かになります。資金を増やすために、現在存在する企業を倒産させたり崩壊させたりしては、本末転倒です。金融機関の資金運用が、実体経済（工業や商業などの実際の経済活動）に悪影響を及ぼすようでは元も子もないのです。二〇〇八年の金融危機は、そのことを改めて私たちに教えてくれました。

と同時に、金融機関が経営不全に陥っても実体経済に悪影響が出るのです。経済を円滑に進める「潤滑油」に異常がないように目を配り、もし「潤滑油」が不足したら新たに注入する。それが中央銀行による金融政策なのです。

コラム デリバティブ取引

デリバティブ取引の「デリバティブ」とは、「派生」という意味です。本来の取引から派生した（新たに生まれた）取引という意味です。たとえば、株の売買や為替の売買は本来の取引ですが、そうした取引のリスクを軽減する方法として、株の先物取引やオプション取引、スワップ取引など多様な取引の手法が生まれました。本来の取引ではなく、その売買権利や交換権を取引することから、派生という意味の英語「Derivative」という用語が使われるようになりました。

もともとはリスク軽減のために生まれた手法ですが、これが投機にも使われるようになりました。

金融機関が破綻したら?

　ところで、もし金融機関が経営破綻したら、私たち預金者が銀行に預けていたお金はどうなるのでしょうか。その場合の仕組みを「ペイオフ」といいます。「ペイオフ」とは、英語の「ｐａｙ ｏｆｆ」（払い出す・清算）という意味です。金融機関が万一つぶれてしまったら、預けていたお金が心配ですね。そんな預金者の不安の声に応えるため、「金融機関がつぶれても一定額の預金が戻ってくる」という仕組みを整備しました。これは一九七一（昭和四六）年のことです。

　ところが、こんな制度があることを、日本人の多くが知りませんでした。知ったのは、バブル崩壊後の一九九〇年代、信用組合が相次いで経営破綻してからのことです。

　この制度を知らない人たちは、「預金は一〇〇〇万円まで保護されますよ」という説明に、「なに、戻ってこないお金があるのか！」と驚いてしまったのです。

　本来、「ペイオフ」とは、「万一のときでも大丈夫」という預金者保護の仕組みだったのに、「一〇〇〇万円を超えた部分が戻ってこないかもしれない」という逆の反応を示した人が多かったのです。世の中には、そんなにお金持ちがいるのですね。

そこで日本政府は、緊急の対策として、「日本の金融システムが安定するまで、預金額はいくらでも全額政府が保証（保護）します」ということにしました。一九九六（平成八）年のことでした。これを、「ペイオフの凍結」といいます。

「ペイオフ解禁」が拡大とは？

一時はどうなることかと思われた日本の金融システムでしたが、その後なんとか正常に戻ってきました。それまでが異常事態だったのですから、ここで平常に戻そうと、ペイオフ解禁へと動き出したのです。

まずは二〇〇二（平成一四）年四月、定期預金などの定期性預金について、凍結が解禁されました。元本一〇〇〇万円までと、その利子について保護される、ということになったのです。

逆に言えば、もし金融機関が破綻したら、それ以上のお金については、戻ってこない場合があるよ、ということなのですが。

二〇〇五（平成一七）年四月から、普通預金に関しても、ペイオフが解禁になりました。これを「ペイオフ解禁の拡大」と表現します。

「あれれ、ペイオフの全面解禁ではないの？」と気づきましたか。そうです、実はペイオフが解禁になる普通預金は、利息がつくものだけ。利息がつかない普通預金や当座預金などは、「決済用預金」（売買の決済に使う預金）として、これまで通りペイオフの凍結が続きます。そこで「ペイオフ解禁の拡大」と表現されたのです。

個人なら預金一〇〇〇万円とその利子分まで保護されれば、大丈夫な人は多いはずです。それ以上のお金を持っていたら、別の金融機関に預ければいいだけなのですから。五〇〇〇万円持っていれば、一〇〇〇万円ずつ五つの金融機関に預ければ、それぞれ保護されます。

ただし、地方自治体やマンションの管理組合などは、なかなかそうもいきませんね。そこで、こうした預金者を念頭に置いて、「決済用預金」のペイオフは凍結されているのです。

ペイオフには「保険」がある

ペイオフ制度で、預金が一〇〇〇万円まで戻ってくるのは、それに備えた「保険」があるからです。これを担当しているのが、「預金保険機構」です。

全国の金融機関が、あなたが預金するたびに、一部を「保険料」として積み立てています。積立金は、経営破綻する金融機関が出たときに預金者への払い出しに使われます。

ペイオフで保護されるのは預金一〇〇〇万円とその利子分だといっても、実際にはそれだけではありません。それを超えた金額に関しても、破綻した金融機関の資産を処分して生まれた金額を預金者に分配します。これまでの例を参考にすると、七割程度は戻ってきそうです。

なぜ全額を保護しない？

では、なぜ預金の全額を保護しないのでしょうか。それは、「モラル・ハザー

ペイオフの仕組み

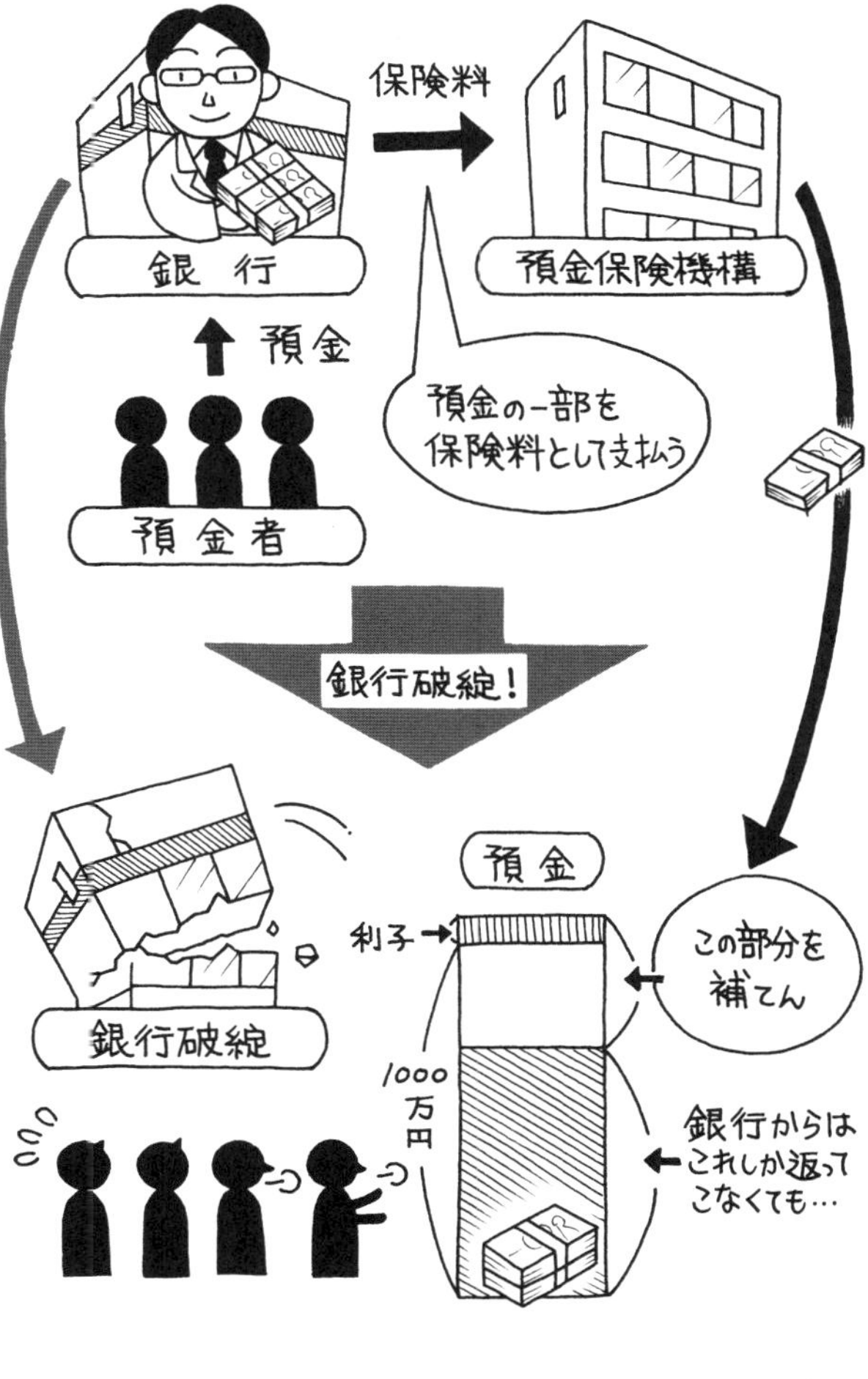
保険料
銀行
預金保険機構
預金
預金の一部を
保険料として支払う
預金者
銀行破綻！
銀行破綻
預金
利子
この部分を
補てん
1000
万円
銀行からは
これしか返って
こなくても…

ド」（道徳的破綻、つまり無責任な行動）が起きやすいからです。

もし預金が全額保護されていると、どんなことが起きるでしょうか。たとえば経営が傾いた金融機関の経営者が、資金繰りに苦しみ、無理を承知で預金に特別高い金利をつけて預金を集めることがありえます。その場合、預金者の中には、「こんなに高い金利をつけるなんて、この金融機関は末期症状だな。でも、倒産しても預金は全額保護されるのだから、お金を預けておこう」という行動をとる人物が現れることが予想されます。

その後、この金融機関が経営破綻したとしましょう。それでも預金は全額保護しなければならないので、高い金利を狙って資金を預けた人の分まで、国民の資金を使って保護しなくてはならなくなります。

これではなんだか納得できませんね。まさにモラル・ハザードです。

ペイオフの解禁が拡大されれば、預金者は、「この金融機関に預金しても大丈夫かな」と自分の責任で経営を監視するようになるはずです。つまり自己責任です。経営が末期症状の金融機関に多額の預金を預けることはなくなるでしょう。

また、預金者の厳しい監視の目を受けて、経営者も努力するようになるはずです。ペイオフ制度には、こんな役割があるのです。

第2章

日本銀行は「銀行の銀行」だ

日銀の三つの役割

日本銀行には、どんな役割があるのか。学校の教科書風に言えば、「銀行の銀行」、「政府の銀行」、「発券銀行」という三つの役割があります。この三つの役割について、順番に見ていくことにしましょう。

まずは、「銀行の銀行」についてです。

日銀は「銀行にとっての銀行」だ

日本銀行は「銀行の銀行」と呼ばれることがあります。金融機関がお金を預ける銀行だからです。私たちが、銀行や信用金庫などに預金口座を持ち、お金を預けることができるように、金融機関は日本銀行にお金を預けています。

しかし、私たちは日本銀行にお金を預けることはできません。「私は日銀に口座を持っていてね」などと言ってみたいものですが、そうはいかないのですね。

日本銀行にお金を預けている金融機関は、銀行（外国銀行の支店を含む）や信用

日本銀行本店　（写真提供：共同通信社）

金庫、全国銀行協会などのほか、証券会社や証券取引所、さらには、短期資金の貸し借りを仲介している短資会社などもあります。

こうした金融機関が日本銀行に持っている口座は、当座預金です。当座預金とは、預けていても利息はつかないけれど、いつでも引き出すことができる預金のことです。「当座」（しばらく）の間、預けておく口座です。

ただし、日銀は二〇〇八年一一月から二〇〇九年四月までの間、臨時の措置として当座預金にも金利をつけました。これについては第7章で取り上げます。

では、なぜ金融機関は日銀に当座預金をしているのでしょうか。それには三つの理由

（役割）があります。

銀行同士のお金のやりとりの場

その第一は、金融機関同士などの取引の決済手段です。

たとえば、あなたが、自分の預金口座があるA銀行のB支店から、C信用金庫のD支店の口座にお金を振り込むことを考えてみましょう。

あなたが支店の窓口かATMで振り込みの手続きをすれば、簡単にお金を送ることができます。でも、あなたのお金をA銀行の人がC信用金庫まで運ぶわけではありませんね。コンピューターで決済されているのです。

あなたがA銀行の口座からC信用金庫にお金を振り込む一方で、C信用金庫からA銀行に資金を振り込む企業もあることでしょう。そうした金融機関同士の資金のやりとりを差し引いて、一日にまとめた差額が、たとえばA銀行からC信用金庫に一億円を振り込むことになったとしましょう。その場合、A銀行が日本銀行に持っている当座預金の口座から、C信用金庫が日銀に持っている当座預金の口座にお金が振り込まれます。金融機関同士の資金決済のために日銀の当座預金が使われているのです。

銀行も日銀に預金する

金融機関が日銀に当座預金を持つ二つ目の理由は、私たちが金融機関にお金を預けておくのと同じ理由です。つまり、安心できるところにお金を預けておき、必要になったときにすぐにお金を引き出すためです。企業や個人は、金融機関に預金しています。その預金者が多額の資金を引き出すことに

コラム　日銀ネットを利用する

金融機関の間の資金の流れは、日本銀行が運営している「日銀ネット」（日本銀行金融ネットワークシステム）を経由します。日本銀行と各金融機関を結ぶコンピューター・ネットワークです。銀行や証券会社など約四〇〇〇もの金融機関が参加していて、日々一〇〇兆円を超える資金の決済が行われています。

全国銀行協会に加盟している銀行同士の場合は、全国銀行協会のコンピューターシステムで銀行間の資金決済をした上で、日銀ネットの決済に参加しています。

ちなみに日銀ネットでは、こうした金融機関同士の決済以外にも、日本銀行と国や金融機関との取引、金融機関同士の個別の売買の取引も行われています。

なれば、金融機関は、日銀の口座に置いている預金から現金を引き出すこともあります。

これなどまさに、「銀行の銀行」の役割を果たしていますね。

日銀が二〇〇一（平成一三）年三月から二〇〇六（平成一八）年三月まで実施した「量的緩和政策」では、金融機関が保有している国債を日銀が大量に購入し、現金を金融機関の当座預金に振り込んで当座預金残高を多くするという金融政策をとっていました。預金残高が増えると、金融機関にしてみれば、預けていてもどうせ金利がつかないので、当座預金を引き出し、積極的に貸し出しに回すようになるだろうから、景気の回復にいい影響を与えるだろうという考え方でした。

この「量的緩和政策」については、第9章（一六三ページから）で詳しく取り上げます。

あらかじめ「準備」する預金

三つ目は、「準備預金制度」としての預金です。金融機関は、預金者から受け入れている預金などのうちの一定の比率（準備率）を、必ず日銀に預けておかなくてはなりません。一九五七（昭和三二）年に施行された「準備預金制度に関する法律」によって決められています。銀行が預金者からの預金引き出しに応じられなくなってしまうようなことがないように、あらかじめ「準備」しておく、という意味です。

この場合、金融機関は、日銀の当座預金に預けている預金以外に、準備預金をする必要はありません。日銀の当座預金の残高が、そのまま準備預金として扱われます。

この制度は、もともとは金融政策の手段として導入されました。景気が過熱して、資金の需要が高まり、金融機関がどんどんお金を貸し出しているようなことがあれば、日銀が準備率を引き上げて、金融機関の資金を強制的に日銀に吸い上げます。こうすると、金融機関の手持ちの資金が減りますから、貸し出しに回る資金が減少。景気の過熱を押さえることができる、というわけです。

逆に、不景気なら準備率を引き下げます。こういう手法だと、私は学生時代に習いました。教科書にもそう書いてありました。

ただし、最近の日銀は、この手法をとらなくなっています。準備率は一九九一（平成三）年から変わっていません。

いまの日銀は、準備率を上下させるのではなく、金融機関同士が短期資金（わずか一日など、ごく短期間に貸し借りする資金のこと）を貸し借りする際の金利水準を誘導するという方法をとっているからです（詳しくは第7章で説明します）。

教科書に書かれた「日本銀行の仕事」も、時代と共に変化します。「むかし学校で習った」という記憶だけを頼りにしていると、時代に追いつかなくなります。

また、郵政民営化により、郵便貯金も民営化されたことで、日銀の当座預金に一定額を預けておくという契約を日本銀行との間で結んでいます。

日銀は「最後の貸し手」

日本銀行は、「銀行の銀行」と呼ばれると同時に、「最後の貸し手」（ラスト・リゾート）とも言われます。それは、もしどこかの金融機関で預金者による取りつけ騒ぎが起きたり、金融機関が破綻して大きな混乱を引き起こす恐れが出たりしたとき、その金融機関に資金を貸し出し、混乱を防ぐ役割があるからです。

こうした日銀の「最後の貸し手」としての融資のことを「日銀特融」（日銀特別融資）といいます。資金を借りようとしている金融機関は経営破綻に瀕しているわけですから、日銀の融資を受けるための担保がありません。この場合、日銀は、担保なしで貸し出すのです。だからこそ「特別融資」と呼ばれるのです。

この特別融資は、政府（内閣総理大臣ならびに財務大臣）から要請を受けたときに、日銀の判断で実施することになっています。

戦後に日銀特融が初めて実施されたのは、一九六五（昭和四〇）年五月のことでした。当時、大手証券会社の山一証券の経営が悪化し、山一証券が運用を委任されていた有価証券の払い戻しや投資信託の解約などが相次ぎました。まるで銀行の取りつけ騒ぎのような状態になってしまい、そのままでは金融不安を引き起こしかねない状態になりました。そこで日本銀行は、総額二八二億円の特別融資を実施したのです。

このとき同時に、山一よりは規模の小さい大井証券も経営が悪化したため、やはり特別融資が行われました。こちらは五三億円でした。

どちらも、その後経営状態が改善され、一九六九（昭和四四）年までに特別融資は返済されました。ただし、山一証券はその後、バブル崩壊で再び経営が悪化。一九九七（平成九）年に自主廃業に追い込まれました。このときも廃業に伴う混乱を避けるために日銀特融が発動されました。

バブルの処理で日銀特融続発

日銀特融はその後しばらくの間は発動されませんでしたが、一九九〇年代のバブル崩壊で金融機関の破綻が相次ぐと、次々に実施されることになります。

一九九五年には東京共同銀行とコスモ信用組合、木津信用組合、兵庫銀行に対して実施され、それ以降も立て続けに発動されました。

日銀特融が発動されても、その後、その金融機関の経営が改善され、融資を全額返済できればいいのですが、もし返済が実施されないと、それは日銀の「不良債権」ということになってしまいます。

前の章で見たように、金融というのは、「信用」で成り立っています。信用が崩れれば、金融秩序全体が危機にさらされます。それを避けるために、日本銀行は、「銀行の銀行」として、「最後の貸し手」の役割を果たすのです。

自主廃業発表の記者会見で涙を見せる山一証券の野沢正平社長。戦後初の日銀特別融資を受けた山一証券は、バブル崩壊の影響で自主廃業に追い込まれ、ふたたび日銀特融が発動された

（写真提供：共同通信社）

第3章

日本銀行は「政府の銀行」だ

日銀は「政府にとっての銀行」

私たちが国の税金を納めたり、年金を受け取ったりするとき、実はそこに日銀の存在があります。意外に知られていない日銀の役割。それが、「政府の銀行」としての役割なのです。

日銀が「政府の銀行」と聞くと、「どうせ国のお金を預かるんだろう」と思うかも知れませんね。でも、意外にその詳しい内容は知られていないのです。たとえば、あなたが交通違反を起こした場合、日本銀行の窓口で交通反則金を納付することができると聞くと、驚くのではないでしょうか。

一般の銀行が日銀の代理店に

私たちが国に納める税金や社会保険料は、銀行や郵便局を経由して日本銀行に集まります。日銀が、政府にとっての〝金庫〟になるのですね。

ふだん私たちは残念ながら、日銀とお付き合いすることはないのですが、国に納める税金や交通反則金は、日銀の窓口まで持って行って直接納付することができるのです。

しかし、わざわざ日銀の窓口まで足を運ぶ人はあまりいないでしょうね。近くの銀行や信用金庫などで納付するはずです。

なぜ一般の銀行（金融機関）で納付できるかといえば、一般の銀行や信用金庫などが、日本銀行の代理店をつとめているからなのです。あなたの行きつけの銀行の支店の正面玄関付近を見てください。「日本銀行代理店」という意味の掲示があるはずです。一般代理店と歳入代理店の二種類があります。

国のお金の出し入れ

日本銀行が管理している政府のお金は「国庫金」と呼ばれます。このうち、国税や社会保険料として受け入れる国庫金を「歳入金」と呼び、年金の支払いなどで出ていく国庫金は、「歳出金」といいます。

毎月上旬には、前月に納付された税金や保険料が日銀に納められて国庫金は増加。

下旬には公共事業費の支払いなどで国庫金は減少するというパターンをとるのが通常です。

一年を通して見ると、ボーナスが出た翌月は源泉徴収された税金が入ってきて国庫金は増え、年度末には支払いで国庫金が減少するという傾向があります。

日銀が管理しているのは、現金ばかりではありません。相続税を納める人が、現金ではなくて国債や株券で納めることがあります。これらも日銀に回ってきて、日銀が保管するのです。

では、実際のお金の流れで見てみましょう。

コラム　政府の預金には利息がつくものも

政府のお金は日銀に預けられているわけですが、では、そのお金に利息はつくのでしょうか。

たとえば政府が公共事業の支払いなどにあてるため、とりあえず預けておくものは、当座預金なので、利息はつきません。

しかし中には、国が運用方針を指定して日銀に預けるという、「国内指定預金」というものがあります。運用方針を指定するのは財務大臣です（実際には、事務方が案をつくり、財務大臣が承認するのですが）。これには利息がつくのです。

あなたが最寄りの銀行の支店で国税や交通反則金などを納付した場合、その銀行から日本銀行に、情報が通知されます。すると日本銀行は、その銀行が日本銀行に持っている当座預金から、その金額分を、国庫に移し替えるのです。

年金の支払いの場合は、その逆です。社会保険庁が、支払い先の名簿データと支払い金の総額の小切手を日銀に渡します。これを受けて日銀は、それぞれの銀行（金融機関）に支払い先名簿のデータを送ります。同時に、それぞれの銀行の当座預金にお金を振り込みます。

これで銀行は、自行の預金者の口座に年金を払い込むことができます。そして私たちは、無事に年金を受け取ることができるのです。

国債の発行事務も日銀の担当

日銀は「国の銀行」である以上、借金の事務も担当しています。国の借金といえば、国債です。

この国債の発行や応募の受け付け、払込金の受け付け、利払いなどの業務も、実は日本銀行が担当しているのです。

国債を発行する場合、誰がいくらで買うか、という問題があります。そうした実務を日本銀行が担当しています。国債を購入しようと考える金融機関は、「これだけの金額分を、いくらで購入します」という入札を行います。各金融機関が入札することで、「需要と供給」の関係から発行金利が決まっていきます。こう

コラム 国庫金の事務の電子化も進む

国税や社会保険料を、わざわざ銀行の窓口まで持って行って納付するのは面倒だ、という人も最近は増えてきていますよね。なんでも銀行振替できたり、インターネットを使って振り込みの指示ができる時代なのだから、というわけです。

そこで、日銀でも二〇〇一（平成一三）年から、国庫金の振り込みや納付が、次第に電子化されつつあります。ここでいう「電子化」とは、要するに、銀行の窓口まで行かなくてもATMで振り込んだり、自宅からインターネットバンキングで国税や社会保険料の振り込みを指示したりできるようになっていることをいいます。

ただ、この仕組みはあまり知られていないのが実情です。それにしても、ふだん意識しない身近なお金の流れに、日本銀行が介在しているのですね。

して発行条件が決まるので、「国債の発行市場」といいます。この手続きは、「日銀ネット」で、コンピューター上の手続きとして進められます。

国債を買った人や会社には、利子が支払われます。これを担当するのも、日本銀行の仕事です。

こうして発行された国債は、金融機関や個人が購入します。このうち、金融機関が購入して保有している国債については、日銀が買い上げたりしています。これは、日本銀行の重要な仕事である短期金利の誘導を行う上で欠かせない手段なのです。この仕組みについては、改めて第７章で説明しましょう。

発行された国債は、自由に売買されます。これを「国債の流通市場」といいます。売買される国債の価格は、これも「需要と供給」の関係で決定されます。

発行済みの国債を購入したい金融機関が多ければ、国債の売買価格は上昇しますね。その国債を保有していて受け取れる利子は決まっているのですから、価格が上昇すれば、結果として利率は低下します。

価格が上がると金利は低下、という関係は不思議な気がしますが、「債券を欲しい人が多ければ、低い金利でも債券が売れる」というように考えれば、理解できるのではないでしょうか。

第4章

日本銀行は「発券銀行」だ

お札がその国を象徴する

私は毎年世界各地を取材で飛び回っています。このとき、その国で発行されている紙幣に注目します。紙幣を見ることで、その国の経済状態や国情がうかがえるからです。

インフレが進み、高額紙幣でも大した買い物ができない国。ヨレヨレになった紙幣が多く、国の経済力もヨレヨレなのではないかと思ってしまう国。その国を構成する複数の民族が仲良く並んでいる肖像が印刷されている紙幣を見ると、「ははあ、民族間の融和がうまくいっていないから、こんな紙幣を作るんだろうなあ」と思ってしまいます。

イスラム教は「偶像」を嫌うので、イスラム国家の中には、紙幣に人間の肖像を載せないところもあります。

まさに、紙幣はその国を象徴します。

アジアのある国では、買い物でお札を払うと、受け取った店員は、どこでも必ずお札が本物かどうか、手触りや透かしをチェックしました。それくらい、その国ではニセ札が多く、国民がお札をあまり信用していないということが、これでわかります。

私たちは、日本のお札を使うとき、「これ、本物かなあ」と心配することはありません。それを当たり前だと思っているのですが、実は大変幸せなことなのですね。

日本銀行は紙幣を発行する

日本銀行にはいろいろな役割がありますが、私たちに一番身近なのは、やはり「発券銀行」だということでしょう。

私たちが使っているお札には、「日本銀行券」と印刷してあります。日本銀行が発行している「券」なのです。といっても、製造しているのは日本銀行ではなく、国立印刷局。お札の表の下のほうに、小さく「国立印刷局製造」と書いてあります。

国立印刷局は、大蔵省印刷局→財務省印刷局→国立印刷局と名前が変わってきましたから、いま日本で流通している日銀券には、この三種類の名前が印刷されたものがあります。「大蔵省印刷局」と書かれたものには、もう滅多にお目にかかりません。なかなか貴重なものになりました。

日本銀行は、国立印刷局に製造代金を払ってお札を買い取ります。製造代金は一枚あたり一五〜一六円くらいです。これがアメリカのドル紙幣ですと、一枚が四〜五セントですから、日本のほうがコストをかけて高品質の紙幣をつくっているのですね。

ちなみに、硬貨を発行しているのは政府です。紙幣には日本銀行券と印刷されていますが、硬貨はどうですか。「日本国」と刻まれていますね。紙幣を補助する補助貨幣として、日本政府が製造・発行し、日本銀行に流通事務を委託しているのです。委託されている日本銀行から世の中に出ていくので、日銀が発行していると誤解されやすいのですが。

日銀から出たとたん「紙」が「お札」に

では、日銀は、お札（紙幣）を、どうやって発行しているのでしょうか。

日銀は「銀行にとっての銀行」でもあり、全国の金融機関が日銀に当座預金口座を持っています。金融機関がこの口座からお金を引き出すとき、日銀から日銀券を受け取ります。このとき日本銀行券が発行されたことになるのです。

ということは、日本銀行券が日銀の中にある段階では、〝ただの紙〟ということでもあります。日銀の外に出た途端に、日銀券はお金として通用します。法律で、お金として通用することが定められてもいます。これを「強制通用力」といいます。

こうして全国の金融機関に対して発行された日銀券を、企業や個人が金融機関から引き出すことで、世の中に出回ります。回り回って、やがて私たちの元にもやってきます。そのままわが家に長期滞在してくれるといいのですが、すぐにまた家を出てしまいます。まさに「金は天下の回りもの」です。

お札は世の中を回る

では、世の中に、どれくらいのお金が出回っているのか。二〇〇八（平成二〇）年三月末現在で、日銀券の発行残高は七六兆四六一五億円です。

お札の発行と流れ

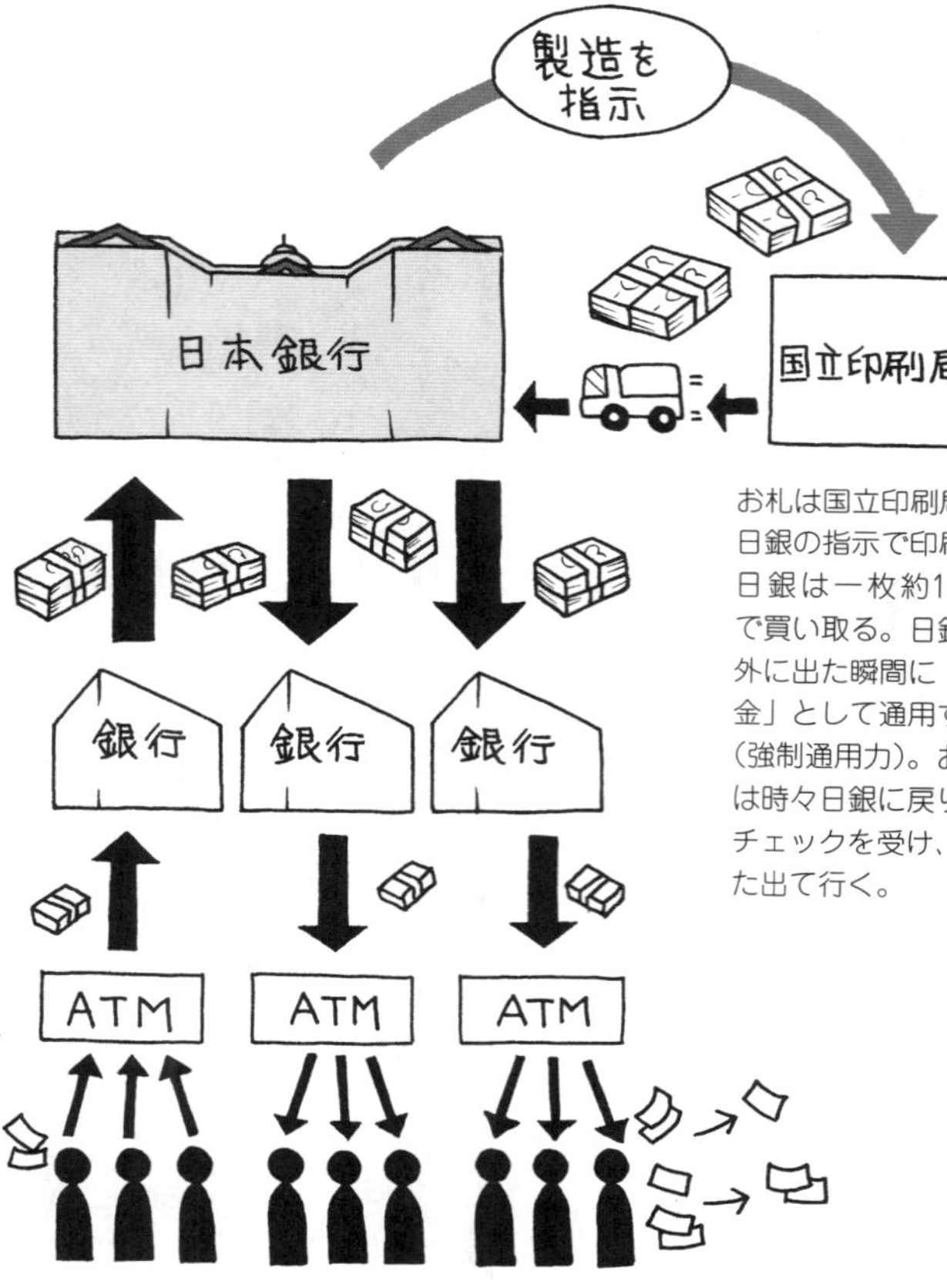

お札は国立印刷局が日銀の指示で印刷し、日銀は一枚約15円で買い取る。日銀の外に出た瞬間に「お金」として通用する（強制通用力）。お札は時々日銀に戻り、チェックを受け、また出て行く。

最も多い紙幣は一万円券で、全体の五四・一％を占めています。最高額の紙幣の発行枚数が一番多いというのは、世界でも珍しいことです。

一万円札が大いに活躍しているということは、そろそろ一万円を超える金額の高額紙幣の出番が近づいているということでもあります。このため、高知県では、「次に五万円札が発行されるときには、肖像画をぜひ坂本龍馬に」という運動が盛り上がったこともありました。

しかし、経済がデフレとなり、物価が下がり始めると、「高額紙幣が必要だ」という声も立ち消えになりました。

さて、世の中に出回る紙幣の話でした。世の中を回った日銀券は、やがて各金融機関を通じて、再び日銀に戻ってきます。日銀は、戻ってきた日銀券をチェックします。ニセ札が混じっていないか調べると共に、傷んだお札は処分して、新しいお札と交換します。

紙幣の寿命は、使用頻度が高く傷みやすい五千円札と千円札が一〜二年、一万円札で四〜五年です。

こうして、きれいで本物のお札が世の中に出回るようにしているのですね。アジアの某国で紙幣を手に取るときは、あまりにも汚れていて受け取るのをためらってしまうことがあります。それに比べると、日本の紙幣はきれいなものです。これも、常にチェックされているからです。

開発途上国でも、経済力がつくにつれて、汚れた紙幣を見かけることが少なくなってきます。紙幣はまさにその国の経済力の象徴です。

お札は、季節によって、多く必要とされることがあります。たとえば夏と冬のボーナスシーズン。銀行からお金を引き出す人が増えますから、それだけ大量の紙幣が必要になります。日銀は、紙幣の需要なども考えて、全国に隈なく日銀券を流通させる仕事もしているのです。

心配なのはニセ札です。ニセ札づくりは重罪。ニセ札が出回っては、人々のお金に対する信用が失われ、経済が混乱する恐れがあるからです。それでも、ニセ札づくりに挑戦する人物が出てきます。

そこで日銀は、二〇〇四年一一月から新札の発行を始めました。偽造防止の最新

日銀券の偽造防止策

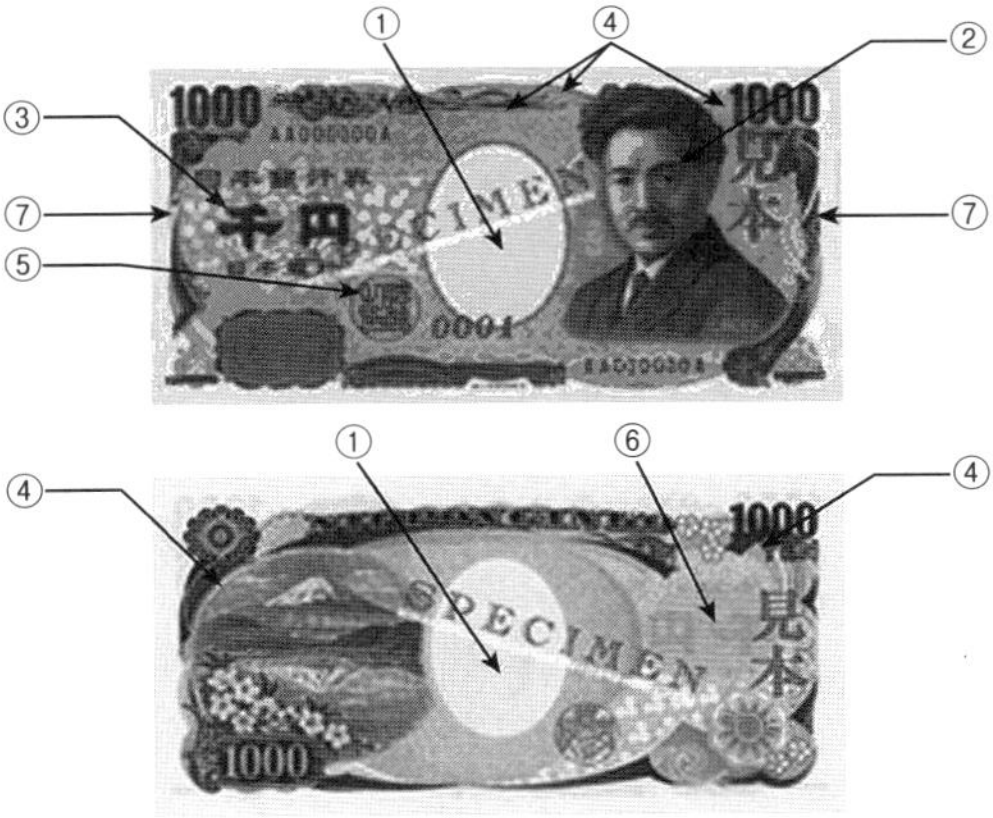

①すかし……………紙の厚さを変えることによって作ります。固有の技術を用いた精巧なものです。

②超細密画線………お札の図柄はとても細密に描かれています。通常の印刷などでは再現できません。

③深凹版印刷………「壱万円」などの漢字や肖像画は、インキがお札の表面に盛り上がるように印刷されています。お札の表面を触ってみると、ざらざらしているのがわかります。

④マイクロ文字……虫メガネなどで見ると「NIPPON GINKO」と小さな文字が印刷されているお札があります。

⑤特殊発光インキ…平成５年12月１日以降に発行されたお札の表にある印章は、紫外線をあてるとオレンジ色に光ります。

⑥潜像模様…………お札を傾けると、裏面右上に「NIPPON」の文字が浮び上がります。

⑦パールインキ……お札を傾けると、左右の余白部にピンク色を帯びたパール光沢のある半透明な模様が浮び上がります。

※日本銀行ホームページ掲載のものをもとに変更を加えました。

技術が盛り込まれています。日銀は、偽造防止策のいくつかを公開しています。その中から七つの技術を紹介しておきましょう。ただし、実は公開されていないポイントもいくつか存在します。あえて公開せず、偽造しにくくしているのです。

第5章

紙幣はいくらでも発行できる?

「国にお金がなければ刷ればいい」？

私が以前担当していたＮＨＫの番組「週刊こどもニュース」でのこと。国の予算の説明で、「国に入ってくる税金だけでは足りないので、国債という借金をしています」と言ったところ、視聴者の子どもから質問が寄せられました。「国にお金がなければ、お金を印刷すればいいのではないですか？」

実に鋭い視点ですね。答えるのは容易ではありませんでした。翌週の番組では、模型を使い、「世の中にお札が大量に出回ると、インフレになって物価が値上がりして困る人が多くなる」という説明をしました。

しかし、この質問には、実は質問した本人が気づかない意味もあったのです。「お金を印刷する」のは、政府なのか、中央銀行なのか、という問題です。

当然のことながら、日本も世界各国も、お金（紙幣）は中央銀行が発行しています。しかし、それとは別に「政府紙幣」というお金もありうるからです。

日銀のような中央銀行の場合、お札を勝手に刷るわけにはいきません。お札の価値の裏付けとなるモノ（たとえば国債）と引き換えに紙幣を発行しています。

これに対して政府紙幣は、文字通り政府が勝手に印刷して発行できます。国にお金がない分、紙幣をどんどん印刷して、公共事業などの支払いに当てればいいのです。この紙幣の場合、もし発行されれば、発行元は「日本銀行」ではなく、「日本国」になっているというわけです。

日本でも、一八七二（明治五）年に「国立銀行条例」という法律が制定され、「銀行券」の発行が認められるようになるまでは、明治政府が紙幣を発行していました。まさに政府紙幣でした。

政府紙幣は、政府にとって魅力的です。まさに「お金がなければ印刷すればいい」のですから、政府の予算はいくらでも拡大できます。しかも、これは借金ではありませんから、その後の返済の心配をせずに発行できます。

しかし、当然ながら、その分予算は膨張し、価値の裏付けのない紙幣が大量にバラまかれることになりがちです。

世の中に出回っている商品の量は変わらないのに、紙幣だけが増えてしまえば、起きるのはインフレです。紙幣に対する信頼が失われ、紙幣の価値は暴落。つまり激しい物価の上昇が起きるでしょう。

近代国家では、この事態を避けるために、政府からは独立した中央銀行を設立し、価値あるモノと引き換えに紙幣を発行する仕組みを整備しました。「お金がなければ国が印刷すればいい」ということのないように制度を整えたのですね。

「デフレ脱却に政府紙幣」のアイデアも

しかし、政府紙幣を発行するとインフレを引き起こすということは、逆に考えれば、インフレを起こすためには政府紙幣を発行すればいい、というアイデアが生まれてくることになります。

日本経済は一九九〇年代から長いデフレが続いてきました。デフレはインフレの反対。インフレを起こせばデフレが解消できます。そこで、日本銀行券とは別に政府紙幣を新たに発行し、人為的にインフレを作り出せばいいと主張する論者もいるのです。

ただし、この場合、日銀券と政府紙幣という二種類の紙幣が世の中に出回り、紙幣に対する信頼が揺らぐ恐れがあります。

また、いったんインフレが起きると、これをコントロールするのは至難の業。現実的ではない、という反対論もあります。

日銀の国債買い取りにもリスクが

政府紙幣ではなく、中央銀行を設置して銀行券を発行するという制度も、運用によっては抜け穴が生まれます。それが国債の日銀引き受けでした。第二次世界大戦中、日本政府は、戦争の費用をまかなうために国債を大量に発行し、発行した国債をそのまま直接日本銀行に買い取らせました。

これなら、政府は必要なお金をいくらでも調達できます。「政府紙幣」と同じように、政府が必要なだけお金を作り出すことができたのです。

当時の日銀は、政府の国債を購入するために、新規に紙幣を発行し続けました。結果として世の中に日銀券が大量に出回り、お金の価値は暴落。猛烈なインフレが

政府紙幣と日本銀行券の違い

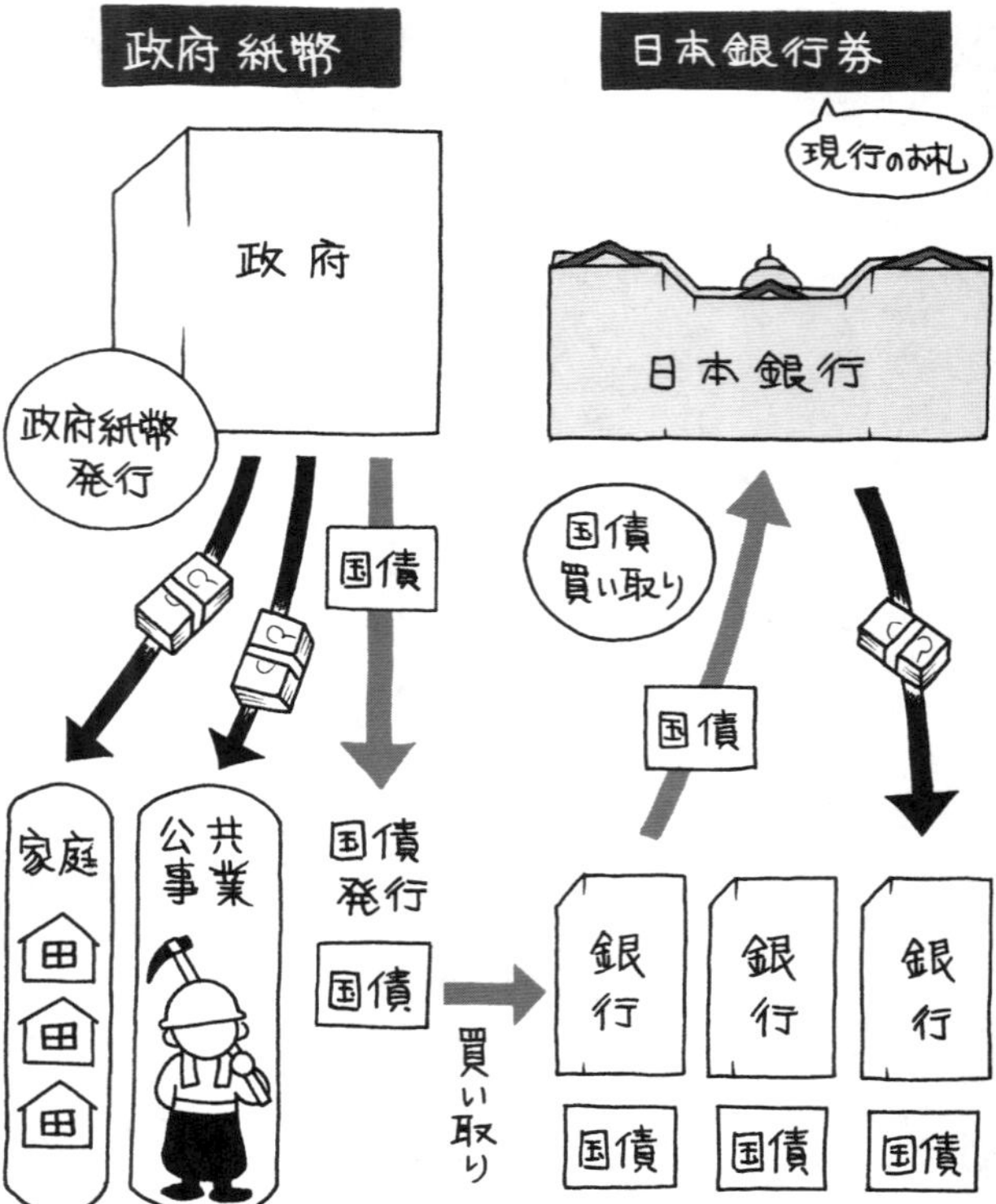

同じ「紙幣」でも、日本銀行券は、国債という裏付けがあって発行される。政府紙幣は政府の信用だけが頼りだ。政府の発行する国債も、日銀は市場に出回ったものだけを購入し、政府から直接購入することはない

日本を襲いました。

戦争が終わると、戦中に発行された国債は紙くず同然になっていました。戦後長らく国民の間に「国債アレルギー」が存在したのは、これが原因でした。「国債なんて買うと大損する」という意識を持った人たちが年老いて姿を消すにつれ、個人向け国債の発行が始まり、国債を買う個人も増えてきたのです。

戦後は、この戦前・戦中の苦い経験から、政府が発行した国債を日本銀行が直接買い入れる「日銀引き受け」は禁止されました。

政府が発行し、市場に出回った国債のみ、日銀は購入できるようになったのです。

「お金」はこうして誕生した

では、そもそも「お金」とは、何でしょうか。紙幣は「日本銀行券」と印刷され、「日本銀行総裁之印」が押してあるので、私たちは「お金」と認識して使っていますが、考えてみれば、ただの紙きれにすぎません。

実は紙幣とは、私たちが「お金」だと思って使っているので、「お金」として通用するという、「共同幻想」の産物なのです。このことを、お金の歴史から探ってみましょう。

お金は古代、物々交換の仲立ちとして誕生しました。肉や魚、野菜など腐りやすい食べ物を物々交換するのは大変なこと。自分が欲しい食料を持っている相手を見つけても、相手が自分の持っている食料を欲しいとは限りません。両者の利害が一致するのには、大いなる偶然が必要だったのです。

偶然を排除するには、どうしたらいいのか。「誰でもが欲しがり、長持ちするモノ」にいったん交換しておけばいいのです。こうして、物々交換を仲立ちするモノが生まれました。この仲立ちするモノの量によって、価値も決まりました。

お金には、「売買の仲介」「価値の尺度」「価値の貯蔵手段」という三つの役割があると説明されます。まさに物々交換の仲立ちとして誕生したのです。

物々交換の仲立ちになった物質は、地域によって異なります。古代ローマでは給料として塩（サラリウム）が支払われました。これが現在の「サラリー」の語源です。日本では稲が用いられました。稲は、かつて「ネ」と発音されていたため、稲との交換の際、「これはどのくらいのネか？」という言い方がされるようになり、現在の「値《ね》」という言葉が生まれました。

古代中国では、貝殻や布が用いられました。ここから、お金に関する漢字には「貝」が用いられるようになります。「買」「財」「貯」「貴」というように。また紙幣の「幣」とは布という意味です。

やはり金や銀がいい

こうして誕生したお金。しかし、必ずしも長持ちするとは限りません。長持ちして加工しやすく、持ち運びに便利で、誰もが「持っていたい」と思うもの。となると、それはピカピカ光る金属でした。金《きん》や銀、銅がお金として使われるようになったのです。

これらの金属は熱することですぐに液体になり、鋳型に流し込めば簡単に加工できます。出来上がったばかりのお金はピカピカです。持ち運びも便利。こうして金属のお金が誕生しました。特に金は錆《さ》びることもありません。金がお金の王者になりました。

しかし、やがて経済が発展すると、金属のお金だけでは不便になってきます。商品を大量に売買する商売では、支払いに使うお金も大量になり、持ち運びに不便を感じるようになるからです。

また、金属のお金を大量に持ち運んでいると、強盗などの被害にもあいやすくなります。外から見てお金を持ち運んでいることがわからないのが一番です。そこで、お金を預かる商売が始まりました。両替商です。

紙幣が生まれたわけ

金や銀を大量に保有する大金持ちが金や銀を預かり、「預り証」を発行します。手数料をとって両替するのですね。「この紙を持ってくれば、これだけの金《きん》と交換する」という預り証を発行します。これなら持ち運びが便利。大金を持っていることも外からではわかりません。

この預り証を発行した両替商が地域の豪商であれば、金持ちとしての「信用」がありますから、人々は、預り証をお金の代わりとして使うようになります。これが紙幣の誕生でした。

この両替商たちが、やがて銀行に発展していきます（たとえば日本では、三井や住友などの銀行は、もとをたどれば江戸時代の両替商でした）。銀行には金や銀が大量に保管され、銀行が発行する紙幣には、「額面と同じだけの金《きん》と交換する」という約束が書かれていました。これが「兌換《だかん》紙幣」です。

金《きん》を元にした紙幣であり、経済。これが「金本位制」です。

そして中央銀行が生まれた

兌換紙幣を発行する銀行は、各地に誕生します。かつては多数の銀行が、独自に「銀行券」を発行していたのです。

しかし、中には不良銀行が出てきます。保有している金の量以上の紙幣を発行する銀行が出現するのです。

こうなると、その地方では大量の紙幣が流通。物価も高騰します。怪しんだ人々

「交換の誕生」から「金本位制の誕生」まで

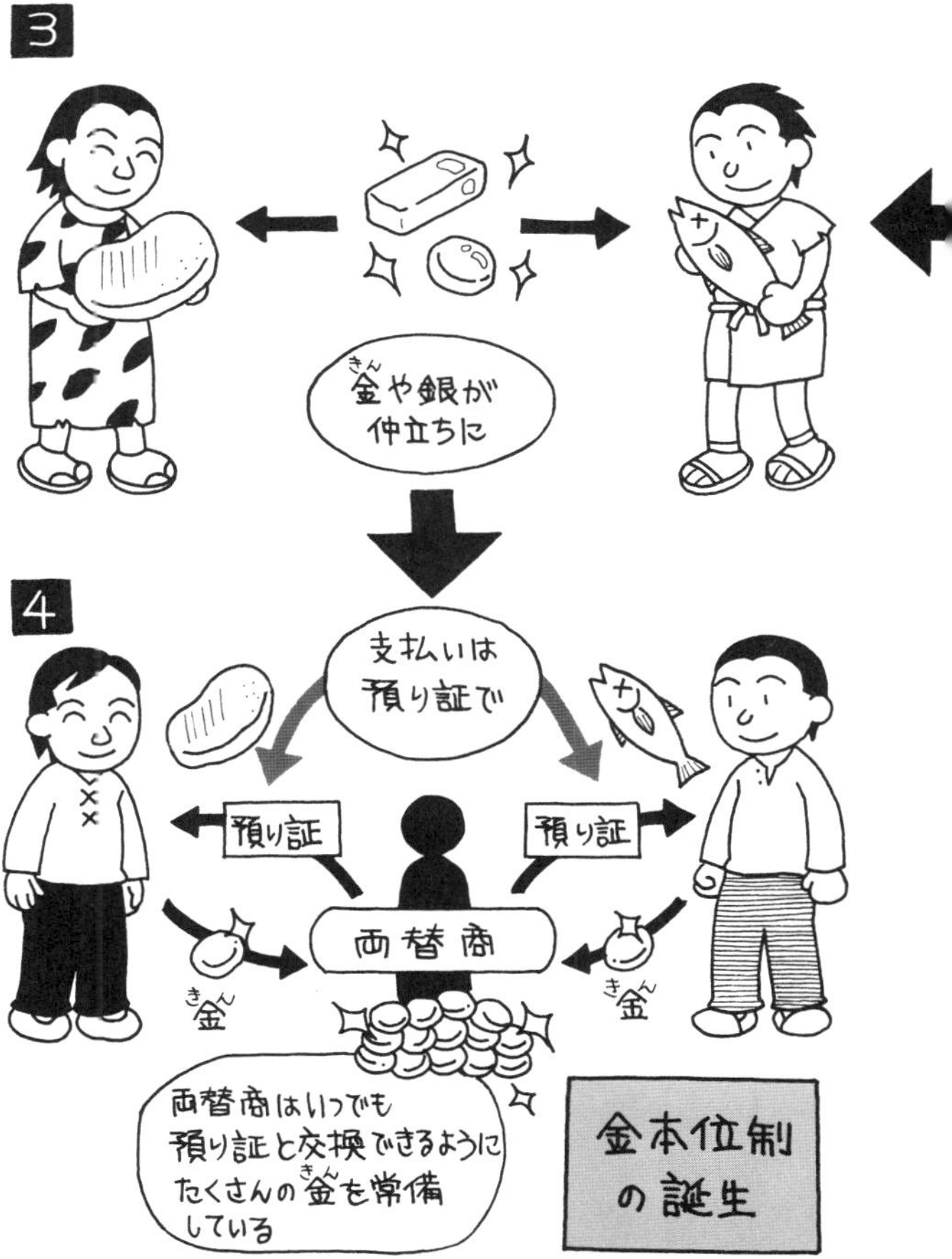
3
金《きん》や銀が
仲立ちに
4
支払いは
預り証で
預り証
預り証
両替商
金《きん》
金《きん》
両替商はいつでも
預り証と交換できるように
たくさんの金《きん》を常備
している
金本位制
の誕生

は、銀行に殺到して金との交換を申し入れます。かくして銀行は破綻。銀行が信用できなくなり、信用不安が広がります。

これを防ぐためには、しっかりとした「国の銀行」が必要になります。こうして中央銀行が設立されるようになるのです。

第6章

日銀はこうして誕生した

はじめは「国立銀行」が乱立した

当初は各地の両替商が預り証を発行する形で紙幣の原型が生まれていましたが、明治になると、いよいよ近代的な銀行が誕生します。一八七二（明治五）年、伊藤博文の発案により、明治政府は「国立銀行条例」という法律を制定します。

ただし、ここでいう「国立銀行」とは、文字通りの「国立」ではありません。アメリカの「ナショナルバンク」を直訳したもので、「国の免許を得て設立した」という意味です。つまりは民間の資本によって、「第一国立銀行」など各地に「国立銀行」という名前がつく銀行が設立されたのです。

それぞれの銀行は、独自に銀行券を発行しました。

ただし当初設立されたのは四行だけでした。銀行が発行する紙幣の兌換《だかん》制（いつでも金《きん》と交換可能）を維持するために、資本金の四割を金《きん》として準備する義務を負うなど設立規定が厳しかったからです。

その後、条例（法）改正で銀行の設立が容易になったこともあり、一気に一五三行が誕生しました。乱立と言えるほどの数でした。それぞれの銀行には、「第○国立銀行」というように名前に数字が入っていました。

貨幣制度も整備された

国立銀行条例が制定される前年の一八七一（明治四）年には、「新貨条例」という法律が制定されています。江戸時代の貨幣制度を改めたのです。

江戸時代には、一両が四分であり、一分は四朱でした。つまり一両は一六朱です。四進法だったのですね。それを一円＝一〇〇銭、一銭＝一〇厘という十進法に改めました。同時に、一円は純金一・五グラムという貨幣価値を

コラム　いまも数字が残る

現在の「第四銀行」（本店・新潟市）や「七十七銀行」（本店・仙台市）などは、当時の銀行の数字がそのまま名前に残っています。ちなみに「八十二銀行」（本店・長野市）は、六十三銀行と十九銀行が合併した際、双方の銀行の数字を合計して新銀行の名前にしていたのです。その時点で、過去に存在していた「八十二銀行」はなくなっていたので、これが可能になりました。

定めました。

当時は世界各国とも金本位制。円の価値が一円＝一・五グラムと定められたことで、外国との貿易での現金決済も可能になりました。

日本銀行が生まれたわけ

貨幣制度を定め、銀行制度も近代化し、これで順風満帆……とはいきませんでした。日本に内戦が勃発したからです。一八七七（明治一〇）年の西南戦争です。戦費をまかなうため、明治政府は兌換《だかん》券ではない政府紙幣を大量に発行。各地の国立銀行も、独自の紙幣を乱発し、インフレが襲いました。政府紙幣の存在と、各地で勝手に発行される銀行券。これを統制しないと、日本経済は混乱するばかりだという認識が政府内で高まり、中央銀行の設立へと動き出しました。

一八八一（明治一四）年、大隈重信に代わって大蔵卿（いまの財務大臣）に就任した松方正義は、インフレ退治に乗り出し、緊縮財政を実施しました。財政支出を大幅に削減し、いわばデフレ予算を組んだのです。と同時に、日本銀行の設立を進めました。翌年の一八八二（明治一五）年、「日本銀行条例」により、当時のベルギー銀行に範をとった日本銀行が設立されました。

政府紙幣や各地の国立銀行が発行した銀行券は回収されて、日本銀行券に統一されました。日本銀行が日本で唯一の発券銀行になったのです。

ただ、緊縮財政と政府紙幣の回収で世の中に流通する貨幣の量は激減。デフレが発生します。これは「松方デフレ」と呼ばれ、松方は当時の人々の怨嗟《えんさ》の的になるのですが。

当初は銀本位制だった

当時の通貨は金本位制でした。貨幣は金《きん》と交換できる（兌換《だかん》）からこそ価値あるものと考えられていました。このため日本銀行も金本位制をめざしていたのですが、一八八五（明治一八）年に日本銀行券の発行を始めたとき、紙幣の価値の裏付けとなったのは、銀でした。銀本位制としてスタートしたのです。

この年に発行された「拾《じゅう》円札」（大黒様の図柄から「大黒札」と呼ばれる）には、

「此券引かへに
銀貨拾圓相渡可申候也」

1885（明治18）年発行「拾円札」　（貨幣博物館ホームページより転載）

「此券引かへに銀貨拾圓相渡可申候也」（この券と引き換えに銀貨一〇円を渡すことが可能である）と印刷してありました。

当時の日本には、金本位制を確立するだけの十分な金の蓄えがないという自覚（自信のなさ）があったためだったようです。

日清戦争の勝利で金本位制を確立

日本銀行が金を裏付けに銀行券を発行できるようになるのは、日清戦争での勝利がきっかけでした。日本は清国から戦時賠償金として二億両《テール》（当時の日本の国家予算の三倍強）という莫大な金額を受け取ることができたからです。これは純金に換算すると二七八トンもの膨大な量でした。これで、金本位制を確立できるだけの金の蓄えができたのです。

もっとも、日本として金本位制に踏み切ったとはいえ、清国から賠償金として支払われた金《きん》が日本銀行に納入されたわけではありません。賠償金を受け取ったのは日本政府であり、日本銀行は、政府から独立した法人だったからです。ただ、日本政府が多額の金《きん》を保有することで、日本銀行の金本位制を支えることになったのは確かです。

日銀が金本位制に踏み切ったのは一八九七（明治三〇）年のことでした。このとき新貨条例は廃止されて新たに「貨幣法」が制定され、一円は純金〇・七五グラムに改められました。通貨の価値（平価）が明治の初めの半額にまで引き下げられたのです。それだけインフレが進んでいたのですね。

世界恐慌の中で金本位制が終了

日本の金本位制は、一九一四（大正三）年、いったん終わりを告げます。第一次世界大戦が始まり、貿易が混乱する中で、金輸出につながる金の兌換《だかん》が一斉に停止されたからです。

大戦が終わると、世界各国は金本位制に復帰しますが、日本は復帰が遅れました。戦前と同じ一円＝純金〇・七五グラムでの平価の復帰にこだわったからです。当時の日本は、ロシア革命への干渉であるシベリア出兵や関東大震災などで経済状態が悪化していたにもかかわらず、平価を切り下げずに復帰しようとしました。身の丈にあった復帰ではなく、見栄を張ったのです。

そのために、金融と財政の引き締めを実施し、ようやく戦前の平価で復帰できる状態になった一九二九（昭和四）年、金本位制に復帰しました。これが、歴史の教科書に登場する「金解禁」です。

「金解禁」とは、「金の輸出を許す」という意味です。貿易による資金決済として金の輸出が許可されたということでした。

ところが、この一九二九年が問題でした。アメリカで株価が暴落し、世界恐慌が始まった年だったからです。世界不況が日本も襲いました。日本の経済は、実際には一円＝純金〇・七五グラムの実力を持っていなかったのに、見栄を張ってこの平価で金解禁をしたということは、いわば人為的に「円高」政策をとったことを意味します。日本の輸出は激減。深刻な恐慌を引き起こしました。

一九三一（昭和六）年、現実主義者の高橋是清が大蔵大臣に就任したことで、政府はようやく金本位制を廃止しました。

日本銀行は、自身が保有する金の量に関係なく日銀券を発行できるようになり、弾力的な政策をとることも可能になったのです。

第7章

「公定歩合」はなくなった——金融政策の仕組み

日銀の目標は「物価の安定」

日本経済の景気に関するニュースには、しばしば日本銀行が登場します。このため、日銀の仕事の目的は景気回復だと誤解している人も多いのではないでしょうか。

もちろん景気が悪ければ景気回復に向けて努力するのですが、本来の目的は、「物価の安定」です。ですから、景気が非常によくなり、物価が上昇を始めると、金利を引き上げて景気にブレーキをかけ、物価上昇に歯止めをかけようと行動することもあります。

こんなとき、経済界からは、「日銀は好景気に冷水をかけようとしている。何を考えているんだ」という文句の声が出るものなのですが、日銀としては、本来業務を遂行しているだけだ、ということになります。

私たちの生活にとって、物価上昇は困ったこと。物価上昇に歯止めをかけようとする日銀の行動は心強い気がしますが、その一方で、物価が下がっていても、これを止めようと行動することには、いささか違和感を覚える人もいるのではないでしょうか。

しかし、物価の下落も、「物価の安定」にはつながりません。日銀としては、物価の極端な上昇も下落も望ましいことではないのです。物価が激しく変動すると、経済活動に支障が出ます。経済活動が円滑に進むように心がけるのが日銀の仕事だからです。

物価の安定とは、お金の価値が変化しないということでもあります。物価が上昇すれば貨幣価値は下落しますし、物価が下落すれば、貨幣価値は上昇します。つまり、日銀が目的とする「物価の安定」とは、「通貨価値の安定」でもあります。

通貨価値の安定とは、日本銀行が発行する紙幣の価値が安定するようにすること。紙幣が日本銀行の「商品」だとすれば、「商品価値」を安定させるということでもあります。

どこの企業でも、自社の商品価値の管理には心を配るもの。日銀だって、自社の「商品」である紙幣の価値を管理している、という見方もできます。

「金利調節」とは?

物価の安定のために、日銀は金利のコントロールをしています。これを「金利調節」といいます。

日本銀行は毎月、「金融政策決定会合」を開いています。金利水準を動かすか、そのまま据え置くか検討する会議です。会合のたびにニュースになります。

とりわけ、「日銀がそろそろ金利を動かすのではないか」とマスコミが予想しているときは、大きく取り上げられます。マスコミ各社の予想通りでも、あてがはずれても、大きなニュースになります。それだけ日銀の動向は注目されているのです。

日銀が金利水準を動かすとき、どんな方法をとっているのでしょうか。

「公定歩合」ではなくなった

日本銀行が日本全体の金利水準を上下させるためには、「公定歩合」を動かす。

学生時代、私はこう習いました。いまでもそうだと思っている人が意外と多いのですが、実はそうではありません。

以前は確かに、公定歩合が日本全体の金利水準を決めていました。公定歩合とは、金融機関が保有している国債や社債、手形を担保に日銀が資金を貸し出す際の金利のことでした。

日銀が公定歩合を下げれば、金融機関は日銀から低い金利で資金を借りることができます。そうなれば、企業に低い金利で資金を貸すことが可能になります。金利が低くなれば、企業は金融機関から資金を借りやすくなり、その資金で新しく工場を建設したり（設備投資）、社員を雇ったり（雇用拡大）して事業を拡大する。そうすれば、景気がよくなっていく……。

これが景気回復のための金利調節です。景気が悪いときは、日銀が公定歩合を引き下げて、景気回復を図りました。

逆に景気が過熱したときは、公定歩合を引き上げ、行き過ぎにブレーキをかけます。金利が上がると、金融機関が日銀から資金を借りる際の金利が高くなり、金融機関としても、企業に資金を貸し出す際の金利を高くします。そうなると、企業は資金を借りることに慎重になり、工場の建設計画を先延ばしにし、新しく社員を雇う計画もいったん取りやめたりすることでしょう。こうして景気は緩やかに下降線をたどる……。

こうやって日銀は日本経済のコントロールに努めてきました。

ところが、一九九四年、規制緩和の一環として、「金利の自由化」が実施されました。それまで金融機関への預金の金利などは、当時の大蔵省（現在の財務省と金融庁）が厳しく管理し、どこも横一線で同じ金利に揃えていました。これでは金融機関同士の健全な競争が起きないという判断から、金利の設定は、各金融機関に任されることになったのです。つまり、金利を「市場原理」に任せることにしたのですね。

市場原理つまり、「需要と供給」の関係で金利が上下するようになりました。

そうなりますと、日銀が公定歩合を上下させることで全国の金融機関が一斉に金

コラム 公定歩合の正式名称

公定歩合の正式名称は、「商業手形割引歩合ならびに国債、特に指定する債券または商業手形に準ずる手形を担保とする貸付利子割合」といいます。

コラム 公定歩合ばかり注目された

日銀が、金利水準を公定歩合ではなく市場原理で動くようにコントロールを始めたのは一九九五年三月三一日のことでした。

当時は円高で景気が悪化し、世間は「日銀は公定歩合を下げるのではないか」と期待していました。日本の金利が下がれば、日本で資金運用をしても利益が上がらなくなるので、円を売ってドルを買う動きが進んで円安になるという期待でした。

ところが日銀は、公定歩合を下げずに、短期市場金利の「低め誘導」を発表しました。日銀としては、公定歩合を下げなくても金利は下がるのだから、実質的な意味は同じだと考えていたのですが、世間はまだその意味が理解できませんでした。

取材の記者たちも市場関係者も、「日銀が公定歩合を下げないのは、金利を下げるつもりがないのだ」と受け止めてしまい、円安になるどころか、一層の円高が進んでしまいました。

いまでこそ、取材記者たちも市場関係者も短期市場金利の「低め誘導」の意味を理解できますが、当時はまだ「公定歩合で金利水準が決まる」と思い込んでいた人が多かったのです。

金融政策のむずかしさを示す出来事であると同時に、日銀が、国民や市場関係者に向かって、わかりやすいメッセージを送らないと、思わぬ誤解が生じることを示しました。

利を上下させるというのは「自由化」の趣旨に反します。このため日銀としても、「市場原理」に基づいて金利が動く仕組みを尊重して行動することにしました。「市場原理」によって金利が動くように調節しているのです。

そこで現在は、公定歩合ではなく、日銀が金融機関との間で国債を売買することで、金利水準をコントロールするようになっています。

「呼べば戻る」コール市場

金融機関の間では、資金が余っているところもあれば、一時的に資金が足りなくなるところもあります。こういうとき、資金の足りない金融機関は、資金が余っているところから、翌日までの短期間資金を借ります。

「おーい、資金を貸してくれ」と呼べば応え、「資金を返してくれ」と呼べば戻るようなものなので、「コール（呼ぶ）市場」と呼ばれます。英語の「money at call」（呼べば直ちに戻ってくる資金）から来ています。

もちろん実際に呼び合っているわけではなく、コンピューター上での取引です。

取引は、「短資」（短期資金仲介会社）と呼ばれる専門の業者が手数料をとって仲介しています。

この貸し借りで、担保はとりません。取引は金融機関同士ですから、信用があります。いわば「信用」が担保です。

ここでの金利水準を「コールレート」といいます。「無担保翌日物」「無担保オーバーナイト物」という言い方もされます。この金利は、もちろん需要と供給の関係で決まります。資金が余っている金融機関が多数あれば、金利は低下しますし、資金が足りない金融機関が多ければ、金利水準は上昇します。

ということは、コール市場で貸し借りされる資金の量を上下させれば、金利水準もコントロールできるはずですね。現在の日銀は、これをしているのです。

このとき日銀は、望ましい金利水準を設定します。これを「誘導目標」といいます。マスコミでは「政策金利」と呼びます。日本銀行が実施する金融政策で目標とされる金利だからです。

国債を売買する

金利の誘導目標を実現するために行われること。それが、国債の売買です。日銀が金融機関から国債を買ったり、反対に売ったりすることを「公開市場操作（オペレーション）」といいます。

金融機関は、お客から預かった資金を運用するために、国債も買っています。金融機関には、現金ではなく、国債がたくさんあるのですね。

もし日銀が、こうした国債を買い上げたら、どうなるでしょうか。日銀は代わりに現金を払いますから、金融機関には現金が増えます。そうなれば、コール市場で貸すことのできる資金も増えますね。コール市場に資金が増えれば、需要と供給の関係で金利は低下します。これを「買いオペレーション」といいます。

一方、日銀が持っている国債を金融機関に売ると、金融機関は現金を日銀に払いますから、金融機関の手持ちの資金が減ります。そこでコール市場で貸し出せる資金の量は減り、コール市場の金利は上昇します。これを「売りオペレーション」と

公定歩合からコール市場へ

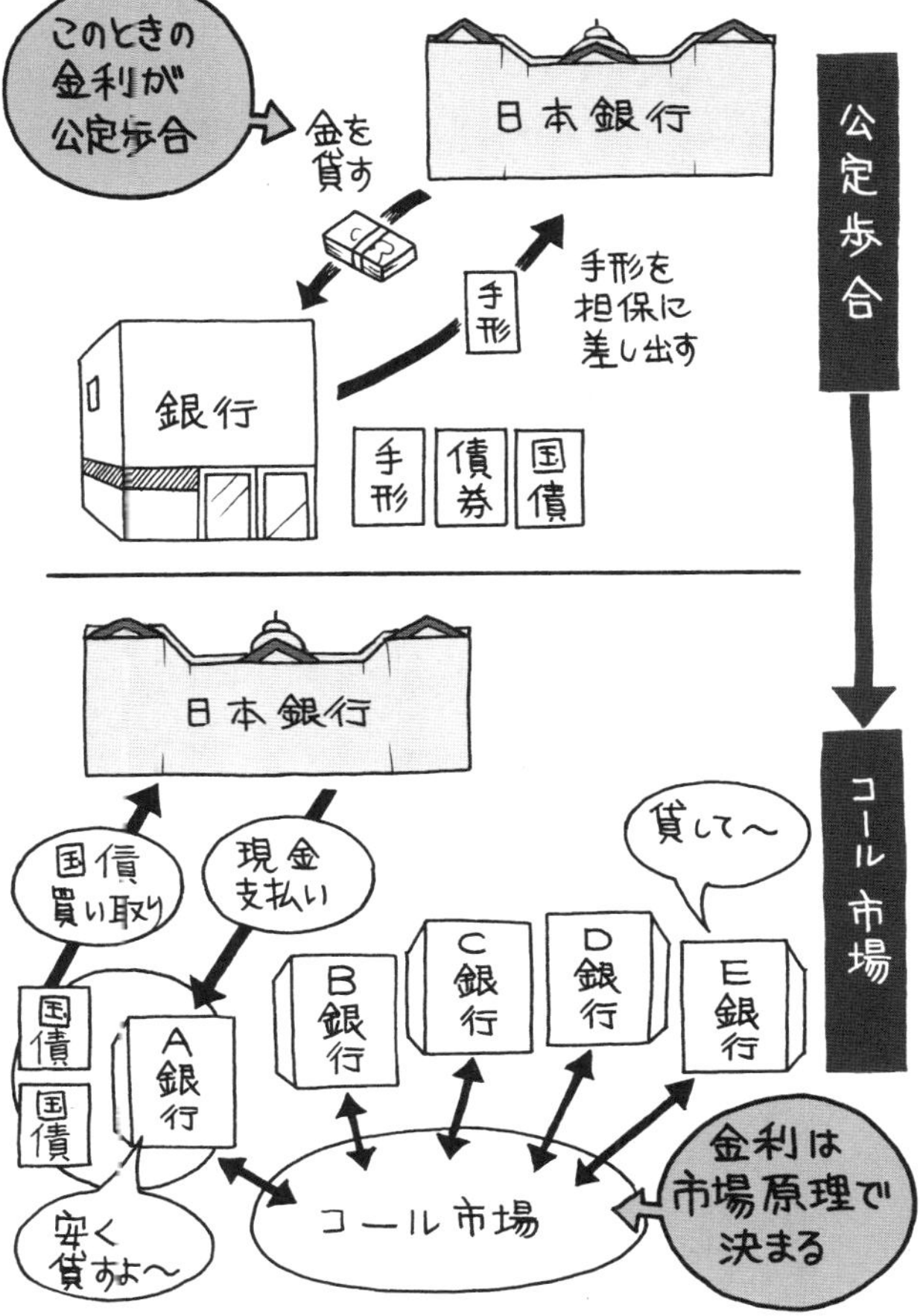

いいます。これが、現在の日銀が実施している金利のコントロール方法なのです。

国債には多くの種類がありますが、日銀がこの金利調節のために売買する国債は「利付国債」で、発行から一年以内のものを対象にしています。ただし、発行直後のものは避けています。かつての「国債の日銀引き受け」（七一―七三ページ参照）のようなことになるのを防いでいるのですね。

「公定歩合」は「基準貸付利率」に

日銀の金利調節がこの方式で行われるようになったことで、公定歩合の役割は次第に小さくなり、とうとう名称も変更されました。現在では「基準割引率および基準貸付利率」と呼ばれています（略して「基準貸付利率」）。

もし金融機関が、他の金融機関から資金を借りにくい状態になった場合、日銀に資金の貸し出しを申し込めば、日銀は、国債などを担保として預かり資金を自動的に貸し出す制度を二〇〇一年から導入しました。この仕組みを「補完貸付制度」といいます。このときの金利が基準貸付利率で、公定歩合から名前が変更されました。

なぜ「補完貸付制度」ができた？

基準貸付利率は、コール市場の金利（コールレート）よりは高いので、コールレートの上限という役割を果たす程度のものになっています。

どういうことでしょうか。金融機関同士の資金の貸し借りは、その日その日の需要と供給によって多くなったり少なくなったりして、そのたびに金利は小刻みに変動します。これが小刻みならうちはいいのですが、年度末などで資金需要が急増すると、金利が突然跳ね上がってしまう恐れがあります。

このとき補完貸付制度があれば、金融機関としては、高い金利で他の金融機関から資金を借りる必要はありませんね。日銀から、基準貸付利率で借りればいいだけです。

ということは、コール市場で資金を貸す側の金融機関も、「基準貸付利率より高い金利を提示しても誰も借りようとしない」とわかっていますから、結局、コールレートの上限は基準貸付利率に収まります。

つまり、コールレートが激しく上下するのをあらかじめ防いでおく役割があるのです。これならコールレートの金利変動も安定化します。

世界金融危機で日銀は金利を引き下げた

二〇〇八年一二月一九日、日銀は金利の誘導目標を、それまでの年〇・三%から〇・一%にまで引き下げました。

また、基準貸付利率は、それまでの〇・五%から〇・三%に引き下げました。

日銀は、一九九九年から二〇〇〇年まで「ゼロ金利政策」をとり、金利の誘導目標をほぼゼロにしていました。この政策は二〇〇〇年にいったん解除されますが、二〇〇一年から二〇〇六年まで再びゼロ金利にすると共に、「量的緩和政策」という世界でも稀な手法も用いられました。これについては第9章で取り上げます。

六年にも及ぶ量的緩和政策が解除された後、金利は〇・二五%、〇・五%と、小刻みに引き上げられてきたのですが、二〇〇八年の世界金融危機で国内景気も低迷。金利は再び引き下げられ、ついに〇・一%にまで下がってしまいました。

異例の「CP買い取り」に踏み切る

金利引き下げと共に、このとき日銀は異例の方針を打ち出しました。それは、「CP買い取り」です。

CP(コマーシャル・ペーパー)とは、大企業が発行する社債の一種です。一般に社債は満期五年など長期にわたる資金を借りる際に発行しますが、CPは一年以内の短期の資金調達の際に発行されます。

通常の経済状態なら、大企業は、このCPを発行することで資金を集めることが簡単にできました。ところが、金融不安が広がったことで、CPを引き受けてくれる金融機関が現れなくなっていたのです。これでは企業の資金計画に大きな狂いが生じます。大企業が資金を集められなくなれば、新規の投資もなくなり、経済に大きな悪影響を及ぼします。

そこで、日銀自らが直接CP購入に乗り出したのです。

日銀が国債ばかりでなくCPも買ってくれるとなると、金融機関は、安心してC

Pを買うようになるでしょう。いざというときには日銀に売ればいいのですから。

こうしてCPが以前のように売れるようになれば、大企業の資金繰りもよくなり、ひいては景気回復につながるだろうというわけです。

ただし、たとえ大企業であっても倒産の可能性はあります。倒産してしまうと、CPは紙くずになる恐れがあります。そこが、絶対に倒産することのない国家が発行している国債との違いです。

日銀のような中央銀行は、「絶対安全」な資産の購入が原則です。それが、絶対安全とは言い切れないCPの購入にまで踏み出したので、「異例の判断」と表現されたのです。

万一、日銀が購入したCPの発行元が倒産すれば、日銀は損害を受けます。日銀の資産が減ってしまっては、日銀券を発行している銀行の信用が失われ、紙幣の価値が下がってしまう恐れがあります。そのリスクを冒してまで、景気回復に向けて舵を切ったのです。

2008年12月19日に行われた、白川総裁の記者会見（写真提供：共同通信社）

日銀は当座預金に金利をつけた

また、これとは別に、日銀は二〇〇八年一一月から二〇〇九年四月までの間、当座預金のうち、「準備預金」分の金額を超える預金については、年利〇・一％という金利をつけました。金融機関にすれば、当座預金に預金すれば年利にして〇・一％の金利を受け取れますから、それより低い金利で貸し出す必要はありませんね。つまり事実上、日本の金利は〇・一％よりは下がらないようにしたことを意味します。

国債の売買でコール市場の金利水準を

コントロールするのは大変な作業。金利が上昇しないようにするのも大変ですが、目標水準より金利が下がってしまうと、今度は資金の回収に走らなければなりません。当座預金に年利〇・一％の金利をつけたことで、金利水準が下がることはなくなったのです。

日銀がこの方針に踏み切ったとき、金利の誘導目標は年利〇・三％、基準貸付利率は〇・五％でした。この時点で、金利水準を、最低〇・一％、最高〇・五％の狭い範囲に閉じ込めたのです。

ところが一二月の引き下げで、金利水準は最低〇・一％、最高〇・三％という、一段と狭い範囲でしか動くことができなくなりました。

日銀本来の「金利を動かして景気をコントロールする」という仕事が、一層困難になったのです。

第8章

日銀の政策委員会とは

政策委員会はいわば会社の取締役会だ

日本銀行が金利を引き上げるか、引き下げるか、金融危機にどんな対応をとるのか。多くの人が注目するニュースで出てくるのが「日本銀行政策委員会」です。日本の金利水準を決定するという重大な使命を担っています。いったい、どんな委員会なのでしょうか。

これを一般企業に置き換えて考えてみましょう。企業の株買い占めや買収のニュースのときには、しばしば「会社は誰のものか」が議論になります。そのたびに株式会社は株主のものだという大原則が確認されます。

もちろん株式会社は社会的存在。株主以外にも、社員や取引先、地域など利害関係者（ステークホルダー）は多数存在しますが、株式会社の所有という点で考えると、株主が所有者になります。

株式会社は、株主総会の決定で株主から委託を受けた取締役会が、代表取締役（社長）を選んで経営を担当します。株式会社の所有者である株主と、経営のプロである経営者。この二者が分かれることを経済学では「所有と経営の分離」といいます。

経営者は経営のプロですが、常に株主の利益を最優先に仕事をするとは限らないという考え方から、最近は株主の代表として社外取締役が選ばれることも多くなりました。外部の社外取締役が会社の取締役会に参加して、会社の実際の業務運営を監督するというわけです。

日本銀行の政策委員会も、社外取締役が加わった取締役会というイメージに近いものがあります。

日本銀行を一般の株式会社になぞらえれば、政策委員会が取締役会であり、そのメンバーである委員は社外取締役。委員は国民という株主の代表なのです。

政策委員会のメンバーの互選で選ばれる議長が、会社でいえば取締役会議長つまり社長です。日銀は白川方明《まさあき》氏が議長。総裁という名前ですが、株式会社であれば社長です。

日銀の政策委員会は、日銀の最高意思決定機関。金融政策の方針を決めると共に、日本銀行という会社の運営も監督します。

審議委員は常勤だ

政策委員会のメンバーは、日銀の総裁、副総裁二人の計三人と、外部から六人の審議委員の計九人。多数決で方針が決められるように、わざと奇数にしてあります。委員は、決定にあたって全員一票を持ち、平等な立場です。国会（衆参両議院）の同意を得て内閣によって任命されます。任期は五年。政府の方針と考えが違うからといって解任されることはありません。日銀は、政府から独立しているからです。

国会の同意を得て任命されるため、二〇〇八年には、衆議院と参議院で多数政党が異なる「ねじれ国会」のもとで日銀総裁や副総裁の任命をめぐって混乱が起きたこともあります。このあおりを受けて、二〇〇八年秋から二〇〇九年春にかけては、審議委員が一人欠員となりました。このため二〇〇八年一〇月に行われた金融決定会合では、金利水準の決定をめぐって議長案に賛成と反対が四対四の同数となり、議長の裁定で決定されるという事態が起きているようです。

この審議委員について、私は先ほど株式会社の社外取締役にたとえましたが、実際には大きな違いがあります。一般の株式会社の場合、社外取締役は別に本業を持っていて、必要なときだけその会社に出勤しますが、審議委員は常勤だからです。

審議委員という名称から、中央省庁にある審議会の委員と混同される人もいることでしょう。中央省庁の審議会のメンバーは、みんな別に仕事を持っています。さまざまな分野の専門家が、審議会に出て意見を述べます。日銀の審議委員も、その名称からパートタイムの仕事のように思われがちですが、実はそうではありません。

日銀の審議委員は、フルタイムの本業なのです。審議委員の前歴はいろいろ。大学教授や企業の経営者だった人もいますが、兼職が認められないため、全員がそれまでの職を辞して日銀の審議委員に就任しています。

審議委員は、経済や金融に関して高い識見を持つ人、あるいは学識経験者から選ばれます。男女比の決まりなどありませんが、一九九八年に日銀法が改正され、政策委員会が強い力を持つようになってからは、六人の審議委員の中に女性が一人選ばれる慣例になっています。

金融政策決定会合の様子。丸いテーブルなので「円卓」と呼ばれる
（写真提供：共同通信社）

いま私は「慣例」という言葉を使いましたが、おそらく日銀は「慣例などはない。経済に識見の高い人を選んだら、たまたまそのうちの一人が女性だった」と説明することでしょう。

審議委員の人たちは、ふだんは日銀が全国で収集している経済情勢に関する統計データなどを読み込んだり、独自に分析したりしています。また、それぞれが持つネットワークを通じて、知り合いの企業経営者から話を聞いたりしています。企業出身者の審議委員の中には、出身母体に依頼して、自分のブレーンを用意してもらうこともあるようです。

政策委員会のメンバー　　　　　　　　　　　　　　(2009年４月現在)

氏名	前歴	（S：昭和　H：平成）
日本銀行 総裁 白川方明	S47.3　東京大学経済学部卒業 S47.4　日本銀行入行 H14.7　日本銀行理事	H18.7　京都大学公共政策大学院教授 H20.3　日本銀行副総裁 H20.4.9　日本銀行総裁
日本銀行 副総裁 山口廣秀	S49.3　東京大学経済学部卒業 S49.4　日本銀行入行	H18.2　日本銀行理事 H20.10.27　日本銀行副総裁
日本銀行 副総裁 西村淸彦	S52.3　東京大学大学院経済学研究科修士課程卒業 S57.12　米国イェール大学 Ph.D.(経済学博士)取得 H６.11　東京大学経済学部教授	H15.10　内閣府経済社会総合研究所総括政策研究官 東京大学大学院経済学研究科教授 H17.4　日本銀行政策委員会審議委員 H20.3.20　日本銀行副総裁
審議委員 須田美矢子	S54.3　東京大学大学院経済学研究科博士課程単位取得 S57.4　専修大学経済学部助教授 S63.4　専修大学経済学部教授 H２.４　学習院大学経済学部教授	H13.4.1　日本銀行政策委員会審議委員 H18.4.1　日本銀行政策委員会審議委員（再任）
審議委員 水野温氏	S59.3　早稲田大学政治経済学部卒業 H元.5　米国ニューヨーク市立大学 Ph.D.(経済学博士)取得 H元.8　野村證券(株)入社 H９.５　ドイチェ証券(現ドイツ証券) H14.9　日本郵政公社設立委員(政府任命)	H16.1　ドイツ証券東京支店債券本部副会長 H16.9　クレディ スイス ファースト ボストン証券会社東京支店 マネージングディレクター兼調査本部長兼チーフストラテジスト H16.12.3　日本銀行政策委員会審議委員
審議委員 野田忠男	S44.3　京都大学法学部卒業 S44.4　(株)第一銀行入行 H14.4　(株)みずほホールディングス代表取締役副社長 H15.1　(株)みずほフィナンシャルグループ代表取締役副社長	H15.6　清和興業(株)常勤監査役 H17.6　中央不動産(株)代表取締役会長 H18.6.17　日本銀行政策委員会審議委員
審議委員 中村清次	S40.3　慶應義塾大学経済学部卒業 S40.4　(株)商船三井入社 H８.６　〃　常務取締役 H10.6　〃　代表取締役専務 H12.6　〃　代表取締役副社長	H15.7　商船三井フェリー(株)代表取締役社長 H19.4.5　日本銀行政策委員会審議委員
審議委員 亀崎英敏	S41.3　横浜国立大学経済学部卒業 S41.4　三菱商事(株)入社 H10.6　米国三菱商事会社 EVP H12.7　台湾三菱商事会社社長 H13.6　三菱商事(株)執行役員	H14.6　三菱商事代表取締役常務執行役員 H17.4　〃　代表取締役副社長執行役員 H19.4.5　日本銀行政策委員会審議委員

日本銀行ホームページ掲載のものをもとに変更を加えました。

審議委員がこのように経済情勢の把握に努めるのも、大事な会合があるからです。

金融政策を決める会合が重要

政策委員会の会合には、「金融政策決定会合」と「通常会合」があります。通常会合は、金融政策以外の業務運営に関する重要事項を議論・決定します。つまり日本銀行という会社の運営に関する決定会合です。判断すべきことは多く、原則として毎週火曜日と金曜日に開かれています。

この通常会合とは別に、政策委員会が決める方針の中で最も重要なのが、今後の金利水準つまり「政策金利」です。

金融政策を決定するための会合を、特に「金融政策決定会合」と呼んでいます。毎月一回ないしは二回の会合を開き、方針を決めています。会合は二日間にわたって開かれることが通例です。初日は、その時点での日本経済、世界経済の現状や見通しなどについて、日銀の担当部署から報告があり、これを受けて、委員同士が率直に議論を繰り広げます。

旧日銀法時代の政策委員は、「名誉職」という色彩が濃く、委員会で活発な議論を繰り広げることは多くなかったと言われていますが、現在の政策委員会は、委員同士の意見の対立もあり、率直で活発な議論が起きているようです。

会合の二日目は、前日の議論を踏まえて、金利水準や金融緩和・引き締めなどの方針を決めます。特に金利水準などを変更することがない場合は、据え置きという方針を決定します。

決定会合での議論の結果は、全会一致である必要はありません。多数決で決めるのです。決定の際に反対票があったことは、それが誰だったかも含めて発表されます。

金融政策決定会合で決まったことは直ちに公表。その日の午後には日銀総裁が記者会見して、内容を説明します。

どのような議論があったかという「議事要旨」も、その後公表されます。国民の負託を受けている以上、議論の中身を国民にオープンにする必要があるからなのです。

さらに詳細な議事録は、一〇年後に公表されることになっています。議事録も直ちに公表すればいいという意見も当然ありますが、委員同士の議論が個別企業の動向などに言及することもあります。直ちに公表されると思わぬ影響を与えてしまうような内容も含まれます。こうした部分は、いわば「時効」になってから公表した方がいいという判断です。

ただ、金融政策決定会合が、どのような議論を経て決定を下したか、その判断は正しかったのか、などは後世になって検証する必要があります。それが歴史的責任。そのために、いずれは詳細が公表されることになっているのです。

政府の代表も二人参加

政策委員会には、政府から財務省と内閣府の代表も、それぞれ参加します。政府代表は、金融政策に関して政府としての意見を述べたり、議案を提出したりすることができますが、議決権はありません。

ただし、金融政策についての決定にあたっては、決定を延期するように求めることができます。「議決延期請求権」があるのです。政府委員からこの要求が出されると、政策委員会としてどうするか多数決で判断を下します。政策委員会として請求を拒否することもできます。

事実、二〇〇〇年八月の金融政策決定会合では、政策委員会として「ゼロ金利政策」を解除しようとしたことに対して、政府委員（このときは旧大蔵省政務次官）から議決延期請求が出されましたが、政策委員会は採決の結果、賛成一、反対八で否決しています。

日銀の組織はどうなっているのか

政策委員会という「取締役会」の下には、日銀を運営する「執行役員」に該当する「理事」が六人います。日銀という組織の最終決定権は政策委員会にありますが、日常の業務は、副総裁と理事たちが協議して判断しています。

その下には、図のような各局が存在しています。日銀らしいのは発券局でしょうね。日銀券に関する事務のすべてを担当しています。お札の出し入れ、偽札鑑定も、

日本銀行の組織図

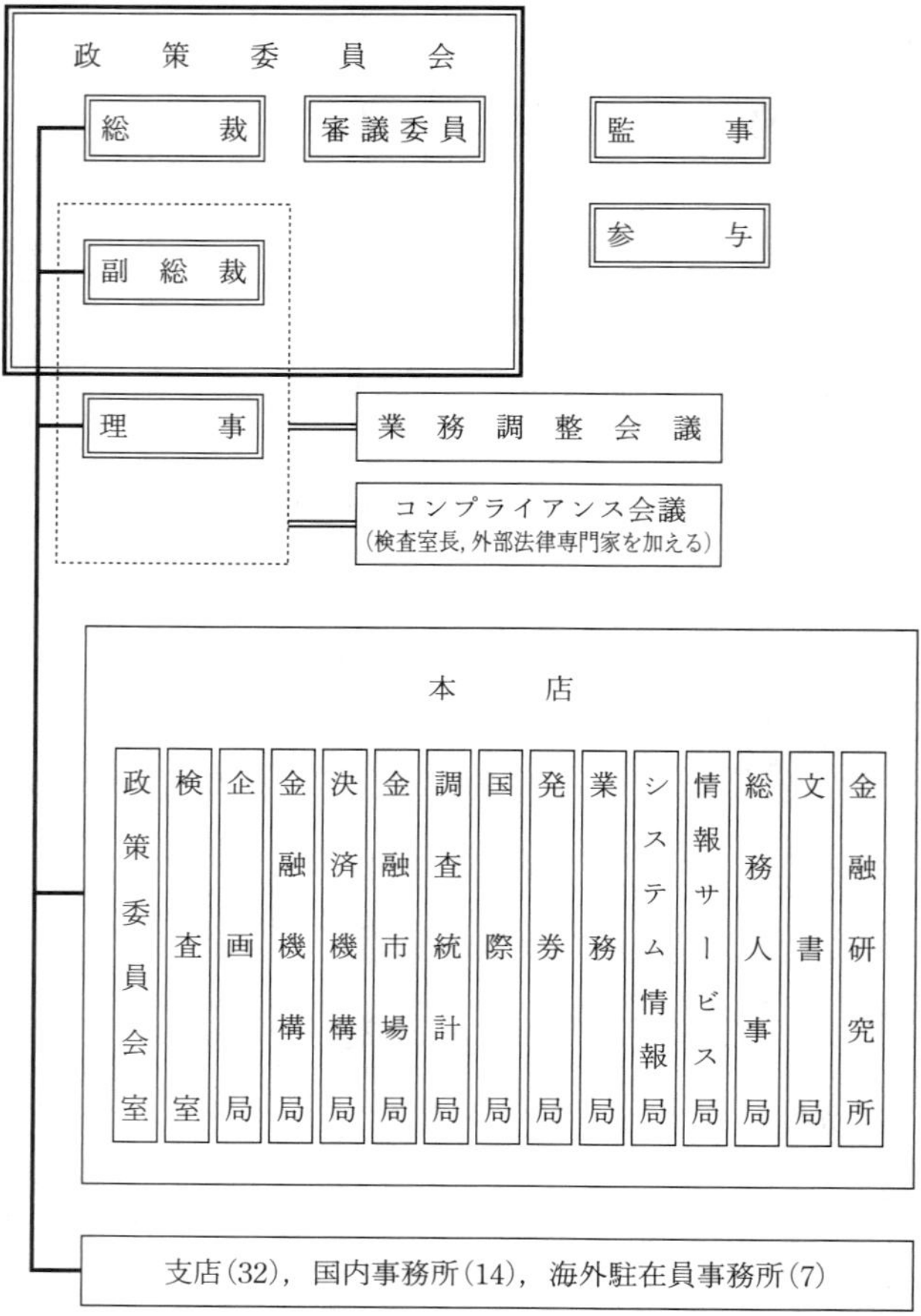

日本銀行ホームページより転載

ここの仕事です。

決済機構局も日銀ならではの組織です。金融機関の資金のやりとりである決済がスムーズに進むようなシステムを整備したり、今後のあり方を検討したりしています。

金融機構局は、信用秩序の維持に関する仕事です。前にも述べましたが、金融は「信用」によって成り立っています。金融機関の信用が損なわれないような対策を考えます。各金融機関が日銀に開設している当座預金を担当しているのも、ここです。

金融市場局は、金利調節の具体的な手順を定めたり、外国為替を担当したりしています。

業務局は、日銀が金利調節をするための実際の業務を担当します。国債や各種債券、手形などの売買や貸し出しなどの仕事をしています。

調査統計局は、国内の経済や財政の調査をするとともに、統計資料を集めています。これは、政策委員会の判断材料にもなるデータです。

日銀には多数のエコノミストつまり経済の専門家がいます。こうしたエコノミストたちは、業務の現場にもいますが、金融研究所で金融や経済の研究をしている人もいます。

日本銀行という日本の銀行であっても、海外に駐在員事務所を持っています。他の中央銀行や国際機関との連絡調整などに当たっています。

中央銀行は独立性が大事

中央銀行は、政治からの独立が求められます。政治家は、国内の景気が少しでもよくなることを常に願っています。景気がよければ有権者も満足しますし、資金にゆとりの出来た会社や団体、個人からの政治献金も期待できるというもの。特に与党の場合、景気が悪化すると野党から批判されますから、好景気を望みます。少しぐらいバブルになった方がいいとすら考えている議員も多いのです。

しかし、中央銀行はそうはいきません。景気が過熱すると、インフレになり、物価が上昇してしまうかも知れないからです。物価の安定を目的とする中央銀行としては、景気の過熱は避けたいもの。冷まさなければなりません。そこで適切な時期に金利引き上げに動く必要があるのです。

こうした中央銀行の役割は、「パーティーが盛り上がっている最中に会場からパンチボウルを取り上げる」と例えられることもあります。一緒になって盛り上がっていてはいけないというわけです。

もし中央銀行が「パンチボウルを取り上げる」行動に出た場合、これを嫌がる政治家は多いことでしょう。「パーティー」は盛り上がった方が楽しいからです。そこで、パンチボウルの取り上げを阻止しようとするでしょう。中央銀行が金利引き上げに動こうとすると、政治家が、これをやめさせようとしたり、金利を引き下げるように圧力をかけたりすることがよくあるのです。

しかし、もし中央銀行が、政治家の圧力に負けて金利引き上げを見送ったり、無理に金利を引き下げたりしたら、インフレやバブルを引き起こしかねません。

このため中央銀行は、政治や行政から独立した存在でなければなりません。そのためには、中央銀行に勤務する人たちが自覚を持たなければならないと同時に、独立性の法的根拠も必要になります。つまり法律で、中央銀行の独立性を規定する必要があるのです。

かつては政治に弱かった

日本銀行は、一九九八年四月に新しい日銀法にもとづいて再スタートしました。それまでの旧日銀法にもとづいた日銀は、政治からの独立性が十分とは言えなかったからです。それを象徴するエピソードがいくつも残されています。

一九九二年二月のこと。金丸信・自民党副総裁は、派閥の会合で、「公定歩合をあと〇・五％下げたい。首相はオールマイティーだ。首相の言うことを聞かない日銀総裁は首を切ってでも、下げさせるべきだ」と発言しました。

当時は景気の低迷が長引き、しびれを切らした政治家が、景気回復のために日銀は公定歩合を引き下げろと公然と要求したのです。当時は、いまと異なり、金利水準のコントロールは公定歩合を上下させて行っていました。「公定歩合を下げろ」とは、要するに金利水準を引き下げろという要求でした。

当時の金丸副総裁は、形式的には自民党ナンバー2でしたが、実質的には自民党の最高実力者。その大物が、政治の力で脅して日銀を動かそうとしたのです。中央銀行の独立性など意に介しない発言でした。日銀もずいぶんと軽く見られたものです。

いまの日銀法では、日銀総裁と副総裁を内閣が任命するに当たって国会の承認が必要となっていますが、当時は内閣が任命するだけ。ということは、内閣がその気になれば日銀総裁を辞めさせることも可能でした。金丸副総裁の発言には、法的根拠があったのです。

さらに翌月には、日銀の福井俊彦理事が自民党本部に呼び出され、自民党議員たちから、「早く公定歩合を引き下げろ」と責め立てられました。

結局、日銀はこの年の四月一日、公定歩合を〇・七五％引き下げました。金丸副総裁は「〇・五％下げろ」と言っていたのに、それを上回る引き下げでした。政治の圧力に屈したと批判されても仕方のない行動でした。

日銀が圧力に負けたことはその前にもあります。一九八九年一二月、ある新聞が、

「日銀、週内に公定歩合〇・五％引き上げへ」という特ダネ記事を書きました。ところがこの記事に、橋本龍太郎大蔵大臣が猛反発します。記者会見で、「事務方に白紙に戻してこいと言ってある」と発言しました。

自分の了承がないままマスコミにスクープされたことに立腹しての反応でした。「オレは聞いていない」という、よくある反応だったのですね。

これを受けて日銀は、公定歩合の引き上げを当初の予定より後に延ばさざるを得ませんでした。

公定歩合の決定は日銀が決めることです。それにもかかわらず、大蔵大臣の一声で延期に追い込まれるほど、当時の日銀は弱い立場にありました。旧日銀法では、日銀は大蔵大臣の監督下にあったからです。

大蔵大臣は、日銀に対して「必要なる業務の施行を命じ」ることができると規定されていました。

総裁と副総裁は内閣が任命し、解任権も内閣が持っていましたが、理事以下の職員に関しては、大蔵大臣が解任権を持っていたのです。これでは日銀は、大蔵省に頭が上がりません。

日銀が、政治からも大蔵省の呪縛《じゅばく》からも独立したいという願望を抱くのは当然のことでした。

日銀に対する大蔵支配は、人事にも反映していました。歴代の日銀総裁は、大蔵省事務次官経験者と日銀出身者が交互に就任していたのです。いわゆる「たすきがけ人事」でした。これは法的根拠があることではありません。単なる慣例。「日銀総裁に一番ふさわしい人を選んだら、それがたまたま大蔵省事務次官経験者だった」というわけです。

大蔵省出身者が日銀のトップに君臨する。まさに大蔵支配そのものです。しかし、それればかりでは日銀側のプライドが傷つくし、日銀職員が「自分たちは総裁にはなれない」と考えるとモラルも低下します。そこで二代に一人は総裁になれる道を残したというわけです。

ということは、日銀生え抜きは一〇年ごとに総裁になるという計算が立ちます。

そこで日銀内では、次の総裁候補、その次の総裁候補という人が暗黙のうちに決まっていました。そうなると、将来の総裁候補には、早くから取り巻き集団が形成されます。これでは組織は活性化しにくくなります。

「スリーピング・ボード」と呼ばれた

旧日銀法時代の日銀は、独立性ばかりでなく、政策委員会も十分には機能していませんでした。

本来政策委員会が決める重要な案件は、日銀の理事ら幹部が「円卓」（マルタクと発音）であらかじめ方針を決めていました（会議室の机が円形のテーブルだったことにより、この名がついた）。このため、政策委員会は日銀の方針を承認するだけの存在で、「スリーピング・ボード」（眠れる委員会）と陰口を叩かれていました。

当時の政策委員会の政策委員は、民間から四人が任命され、それに日銀総裁、政府代表二人の計七人で構成されていましたが、新日銀法が成立した時点では、民間からの四人の任命委員のうち二人が空席のままだったほどです。

政策委員会が、いかに軽視されていたかわかります。

政策委員に任命される民間からの四人は業界代表でした。大手銀行、地方銀行、商工業、農業の各業界の代表が選ばれていました。

空席になっていたのは大手銀行代表と地方銀行代表。空席になる前の大手銀行代表は元日本長期信用銀行相談役、地方銀行代表は元滋賀銀行相談役でした。

一方、商工業代表といっても、経営者出身ではなく、元通産省（現在の経済産業省）事務次官でした。また農業代表は農家出身ではなく、元農林水産省事務次官。要するに元官僚が「民間出身」の名の下に日銀の政策委員に就任していたのです。

大蔵官僚をはじめとする霞が関の官僚たちによって牛耳られる日銀。それを実質的に骨抜きにしようと、日銀側は、政策委員会を「スリーピング・ボード」にしておいて、大事なことは自分たちで決めてしまう。こんな構図になっていたのです。

不祥事に揺れたことも

日本の中央銀行としての日銀の誇りが大きく傷ついた歴史もあります。一九九八年三月、当時の営業局（現在は組織替えで金融市場局）証券課長が東京地検特捜部に収賄容疑で逮捕されたのです。

銀行から何度も接待を受け、日銀が調査した他の銀行の資料を渡したりしたという容疑でした。日銀は、設立以来一一六年目にして初めて家宅捜索を受けるという屈辱を味わいました。

当時は、大蔵省の官僚たちが、銀行から多額の接待を受け、銀行に便宜を図った疑いで摘発されていました。同じような構図が日銀にもあったのです。

日銀は、金融機関に対して経営状態を調査（正式には考査）したり、指導したりという強い権限を持っているため、金融機関は日銀に取り入ろうとします。また日銀が持っている情報を欲しがります。強い権限を保有するがゆえに、職員に対する誘惑も大きくなります。

コラム 「ざぶん」と「どぼん」

当時の日銀が銀行から過剰な接待を受けていたことは、隠語になっていました。それが「ざぶん」と「どぼん」です。日銀の担当者が、銀行側から小料理屋で軽く接待を受けるのが「ざぶん」です。水に軽く浸かるイメージです。これに対して、高級料亭でじっくり接待を受けて情報交換するのが「どぼん」。首まで水に浸かってしまうイメージです。こんな隠語が生まれるほど、接待が日常茶飯事だったのです。

日本銀行の職員は公務員ではありませんが、公平で中立的な立場が求められることから、「みなし公務員」（公務員と同じにみなす）という立場です。職務に関して接待を受けたり金品を受け取ったりすることは収賄罪になるのです。

この不祥事では逮捕された職員が懲戒免職になった他、監督責任を問われて幹部が処分されました。この過程では、不祥事の後始末を担当していた日銀の理事が自殺するという悲劇まで起きています。

幹部の給与は引き下げへ

こうした不祥事が摘発される過程で、日銀職員の驚くべき好待遇ぶりも次々に明るみに出ました。

それまで明らかにされていなかった日銀総裁の年収は、五一三三万円であるということがわかりました。総理大臣や最高裁判所長官よりはるかに多かったのです。

日銀職員の給与は大手都市銀行のエリート行員並みに揃えられていました。この基準からすれば、当時の大手銀行の頭取の給与はもっと高かったので、日銀側は、総裁の給与を「高額」とは認識していませんでした。ここに世間の常識とのズレがあったのです。

日銀に対する批判が噴き出し、総裁の給与は総理大臣を上回らない額にすることになりました。そこで翌年はいきなり五分の一もカットして、四〇〇〇万円に引き下げました。その後も給与の引き下げは続き、二〇〇八年度には三五七八万円になりました。

これに伴い、副総裁や審議委員、理事の給与も引き下げられ、二〇〇八年度時点では、副総裁が二八二七万円、審議委員が二七一一万円、理事が二一八五万円となっています。

一方、高額給与が問題になった一九九八年度、当時の日銀の局長クラスの年収は平均で二二九九万円（最高額は二四一九万円）、課長クラスは平均一八五五万円でした。

日銀の職員給与は、大手都市銀行のエリート行員並みに合わせてきましたが、日銀が基準にしている大手都市銀行は、一九九四年以降、給与引き下げを続けてきました。これに伴い、日銀職員の給与も一九九八年度は一九九四年度より五分の一もカットされていたのですが、それでもこれだけの金額を維持していました。不祥事以降は、幹部の給与が引き下げられるのに伴って、職員の給与もさらに引き下げられました。

民間の銀行は、激しい競争の中で残業も多く、かなり早い時点で肩叩きにあって外部に出ていく人が多いのが実情です。その点、日銀は、預金集めという厳しい仕事をすることもなく、安定した職場で残業もそれほどあるわけではないのに、給与だけは大手都市銀行並みとはけしからんという批判が噴き出しました。

さらに、全国にある支店長の官舎は広大な敷地の中の豪華な一軒家が多く、各地のゴルフ場の会員権も保有していました。批判を受けて、官舎を売却し、ゴルフ場会員権も手放しました。

天下り先には事欠かず

日銀職員が恵まれているのは、それだけではありません。退職後は、全国の金融機関への天下りという道も用意されています。

日銀は、全国の金融機関の経営状態をチェックするという「日銀考査」を実施しています（日銀考査は第10章で取り上げます）。チェックを受ける立場は弱いもの。日銀からの天下りを引き受ければ、後々何かと有利と考えるのは当然のことでしょう。日銀は、民間金融機関への監督権を背景に、職員の天下りを実現させているのです。

もちろん日銀は、そんなことは言いません。「長年金融の現場で培った能力や人脈が買われて再就職する人がいるだけ」というわけです。

中央省庁の天下りはしばしば批判されますが、日銀の場合は、マスコミに取り上げられることも少なく、事情を知る人が少ないので、大した問題になっていません。

中央省庁の天下りがなぜ問題になるかといえば、役所の側は、ＯＢを受け入れてくれる企業や法人、財団が利益を上げて存続できるように、陰に陽に配慮し、補助金を出したり仕事を与えたりしているからです。これでは、税金の無駄遣いであり、天下りを受け入れていない企業や団体に対して不利益を与えているのではないか、という問題です。

同じことは日銀にも言えます。日銀は、全国の金融機関の経営内容をチェックする立場です。ＯＢが天下っている金融機関が破綻したら大変。破綻を避けるため、あるいは有利な立場になるように、配慮をしたくなってしまうのではないかという、痛くもない腹を探られる恐れがあるのです。

天下りを受け入れる側に、日銀からの有利な取り計らいを期待する気持ちがあるのは当然のことでしょうから。

日銀、新体制へ

日銀職員逮捕という前代未聞の不祥事を受けて、元大蔵省事務次官だった松下康雄総裁は責任をとって辞職しました。

次期総裁候補だった日銀出身の福井俊彦副総裁も同時に引責辞任しました。

福井氏の場合、その後、日銀総裁に就任しますが、それは二〇〇三年になってからのことでした。

新しい日銀法にもとづく新生日銀は、かつて日銀に在籍し、理事まで上り詰めて退職した速水優・元日商岩井（現在の双日）会長が総裁に就任しました。

就任当時七二歳という年齢を危惧する声もあり、事実、総裁に就任すると、頑固一徹なところを見せ、外部とのコミュニケーション能力の点でも波風を立てることが多くなるのですが。

それまでの日銀は副総裁が一人でしたが、このときから二人体制になります。そのうちの一人は、異例のことながら、ジャーナリストの藤原作弥氏でした。元時事通信社解説委員長で、日銀の取材経験が豊富でした。エッセイストとしても知られていました。

不祥事に揺れた日銀としては、透明性を高めるために、あえて外部からジャーナリストを受け入れたということでしょう。ただし、藤原氏は、日銀に理解あるジャーナリストとして知られていたことも確かです。

一方、実務部門の副総裁には日銀で企画畑を歩いてきた山口泰氏が就任しました。藤原副総裁が外部への広報役、山口氏が総裁を実質的に支える役回りでした。

新日銀法で独立性高まる

一九九八年四月から施行された新しい日本銀行法の特徴は、独立性と透明性です。法律には、こう書いてあります。

「第３条　日本銀行の通貨及び金融の調節における自主性は、尊重されなければならない。

２　日本銀行は、通貨及び金融の調節に関する意思決定の内容及び過程を国民に明らかにするよう努めなければならない」

法律の表現としては「自主性」と書いてありますが、要するに政府から独立して判断できるということです。

ところが、その一方で、こんな条文もあります。

「日本銀行は、その行う通貨及び金融の調節が経済政策の一環をなすものであることを踏まえ、それが政府の経済政策の基本方針と整合的なものとなるよう、常に政府と連絡を密にし、十分な意思疎通を図らなければならない」（第４条）

たとえば政府が景気をよくするための経済政策を打ち出しているのに、日銀が別の判断をして、金利水準の引き上げに動くような整合性のとれないことはするな、と戒めているのです。

日銀の自主性は尊重するけれど、政府とよく意思を通じなさい、というわけです。日銀の置かれた微妙な立場を表現しています。

このほか、新法で日銀に対する財務省の監督権はなくなりましたが、支店の設置や移転などに関しては、財務大臣の認可を必要とするなど、財務省の影響力は残っています。

それでも、法律で「自主性は、尊重されなければならない」と規定されたことで、日銀は、十分とは言えないまでも、独立を勝ち取ったのです。

議論が活発になった

日銀法の改正で、政策委員会の性格も変わりました。

旧日銀法の下では「スリーピング・ボード」と呼ばれ、形ばかりの政策委員会だったものを、文字通り日銀の最高意思決定機関にするための改革も行われました。メンバーについては業界代表という枠を取り払い、金融や経済の専門家として議論できる人材を揃えることになりました。

その結果、委員同士が自由に議論できる雰囲気にもなり、活発な議論を展開するようになりました。かつては日銀の方針を黙って受け入れるだけだった政策委員会のメンバーは、日銀の議案を批判したり、独自に議案を出したりしています。

政策委員会のメンバーに関しては、「タカ派」「ハト派」という呼び方がされることもあります。本来タカ派とは強硬派のこと、ハト派は穏健派のことです。それが日銀の場合は、金利水準を決める上で、なるべく金利を引き上げようという考え方をする委員を「タカ派」と呼び、なるべく金利を引き下げようと考える委員を「ハト派」と呼びます。

金利水準はなるべく低い方がいいと考えたがる政治家にすると、金利を引き上げようとする人物は、「通貨の番人」としての原理原則に忠実な強硬派というイメージがあるのでしょう。

日銀の政策委員会が、金利水準を動かすかどうか判断を求められるときに、タカ派とハト派が激しく対立する局面もあります。

政策委員会の議論の内容は、議事概要がその後発表されます。また一〇年後には詳細な議事録も公表されます。そうなると委員たちは、後世の批判に耐えられるような理論水準の議論ができるように努力するようにもなろうというものです。

審議の内容を公開することで、議論のレベルを高める効果もあるのです。

総裁承認めぐり混乱

日銀法が改正されたことにより、総裁の任命をめぐって混乱が続いたこともあります。二〇〇八年のことでした。

この年の三月一九日、それまでの福井俊彦総裁の任期が切れることから、政府は国会に対して新総裁の候補案を提示しました。旧日銀法では、総裁や副総裁は、内閣だけで任命することができましたが、新日銀法では、国会（衆議院と参議院）の承認が必要になったからです。

ところが国会は、衆議院は自民党と公明党の与党が多数ですが、参議院は与党が過半数に達しません。いわゆる「ねじれ国会」。民主党が政府の案に反対し、参議院で承認が得られなかったのです。このため時間切れで総裁が一時空白という事態になりました。

政府が当初提案した日銀の人事案は、総裁に武藤敏郎・日銀副総裁を昇格させるというものでした。ところが、民主党など野党は、武藤氏が元財務省（在籍当時は大蔵省）事務次官だったことを理由に承認しませんでした。

承認を得られなかった政府は、今度は田波耕治・国際協力銀行総裁を充てる案を提示しましたが、田波氏も財務省出身者だったことから、これも不承認。最終的に四月九日、白川方明副総裁を総裁に昇任させることが認められ、二〇日間にわたる日銀総裁の空席という異常事態は解消しました。

「財金分離に反する」と民主党が反対

民主党などが武藤氏や田波氏の日銀総裁就任に反対した理由は、「天下り」反対と「財金分離」原則に反するというものでした。

財務省出身者が日銀総裁になることは天下りであり、官僚の天下りを廃絶しようという流れに反する、というのが一つの理由です。

ところが、財務省から日銀への異動を天下りだとして反対するということは、日銀が財務省より下に位置するという認識にもとづいています。本来、日銀は独立した存在であり、財務省の日銀に対する監督権もなくなっています。それを「上下関係」でとらえるのは、民主党などが新日銀法の趣旨を理解していないという批判もありました。

では、「財金分離」原則とは、何でしょうか。次のような考え方です。

政府はお金がないため国債を発行し続けています。この国債が売れなくなったら、政府は困ります。でも、日銀が国債をどんどん買ってくれれば、政府は安心して国債を発行できます。その結果、財政赤字は拡大するし、日銀が国債購入のために日銀券をせっせと印刷すると、インフレになってしまう恐れがあります。

こうしたことを防ぐためには、財政を担当する財務省と、金融を担当する日銀とを、はっきり切り離した方がいい。これが「財金分離」の考え方です。

しかし、財務省ＯＢが日銀総裁に就任したからといって、財務省と日銀が一体化すると単純に言えるのでしょうか。

そうした反論もあったのですが、結局は、自民党と民主党の政争の材料になってしまいました。

日銀総裁の人事を、国民の代表である国会議員が承認するという仕組みは、国民主権の原則に忠実であろうとする発想だったのですが、衆議院と参議院で多数党が異なってしまったため、本来政治から独立していなければならない日銀が、政治に翻弄されたのです。

第9章

ゼロ金利政策で悪戦苦闘

厳しい批判を浴びる日銀の金利政策

景気をコントロールするために金利を上下させる。これが日本銀行の大事な役目のひとつですが、どの段階で金利を上げたり下げたりするか、その判断は困難を極めます。景気動向を読み切ることのむずかしさもありますが、それだけではありません。政治の思惑もからみ、日銀に対するさまざまなプレッシャーがかかってくるからです。

過去、日銀の金利政策は多くの批判を浴びてきました。金利引き上げが遅れたためにバブルを招き、その後はバブルつぶしに金利を引き上げすぎてデフレを招いた、という批判もそのひとつです。

日銀が批判されるのは、実はそれだけ日銀に対する期待が大きいことの現れでもあるのですが。

まずは、バブルを生んだといわれる日銀の金利政策を振り返ってみましょう。

1985年９月、「プラザ合意」。右端は竹下登大蔵大臣　(AP Images)

「プラザ合意」で円高不況に

一九八五年九月、アメリカ・ニューヨークのプラザホテルで、先進五か国の大蔵大臣・中央銀行総裁会議が開かれ、為替をドル安、円高に誘導することを決めました。これが「プラザ合意」です。

当時のアメリカは輸出が伸びず、貿易赤字が増大し、アメリカ経済は変調を来していました。そこでアメリカ政府は先進各国に対して、ドル安になるように協力してほしいと要請しました。アメリカ経済が悪化すると他国の経済も悪影響を受けるため、各国政府は、ドル安政策に協力することにしました。

ドルが他国の通貨に対して安くなれば、米国製品の海外での価格が下がるので、アメリカの輸出が増加し、貿易赤字が縮小すると考えられました。

当時のアメリカの貿易赤字の大きな要因は、日本製品が大量に流れ込み、対日赤字が増え続けていたことでした。いまは中国製品が大量に流れ込んでいますが、当時は日本製品。アメリカ国内では日本製品の輸入規制の動きが出るほどでした。

そこで、為替をドル安に誘導すると共に、円高にもすることになりました。

プラザ合意にもとづき、アメリカは金利を引き下げました。金利が低くなると、アメリカで資金を運用しても高い利益を上げにくくなるため、投資家の資金が国外に流出します。つまりドルを売って他国の通貨を買う動きが出るため、ドル安傾向になります。

同時に日本の大蔵省は、日銀を通じて大規模な円買いドル売りを実施しました。円やドルの売買の方針を決めるのは政府つまり財務省（当時は大蔵省）ですが、実際の売買を担当するのは日銀です。

政府が円買いドル売りなどの行動をとっても、多くの投資家が逆の行動をとれば、効果は少なく、為替レートを人為的に動かすことは、通常では大変むずかしいことです。ところが、このときは、先進各国の合意が発表され、各国が本気でドル安に向けて行動することが明らかでした。投資家にしても、為替が円高ドル安に動くのであれば、その動きに乗った方が有利です。世界の投資家たちも、円買いドル売りに動きました。

日本政府だけの行動では大きな流れを作り出せなくても、投資家が一斉に同じ方向に行動すれば、為替レートは大きく動きます。プラザ合意当時は一ドルが二四〇円前後でしたが、一気に円高が加速します。翌八六年一月には、一ドルが二〇〇円を突破するまでに円高になったのです。

円高が進むと、日本製品の海外での価格が上昇するため、製品の売れ行きは落ち込みます。輸出産業は大打撃を受けました。日本経済は深刻な不況に陥ったのです。これが「円高不況」です。

連続五回も金利を引き下げ

急激な円高で日本経済が不況に陥ると、日銀は、景気対策のために金利を五回にわたって引き下げました。公定歩合は、当時としては歴史的な低さである二・五％にまで下がりました。当時はいまと異なり、金利水準を動かすのに公定歩合を使っていました。

金利を下げると、企業は銀行など金融機関から低利で資金を借りることが可能になります。低利で融資を受けられれば、新しく工場を建設したり、新型機械を導入したり、社員を増やしたりという行動に出やすくなります。取引先企業の売上げが伸び、雇用も増えて、景気は上向きになっていきます。

景気がよくなると、土地の売買も活発になり、地価が上昇し始めました。こうなると、企業は低金利で銀行から資金を借り、土地を買うようになります。本業よりも土地の売買の方が利益が上がるようになったのです。その結果、地価が上昇しました。

一方、円高によって輸入品の価格は下落します。海外の高級ブランドが安く手に入るようになり、空前の消費ブームが発生しました。

土地の所有者は、持っている土地が値上がりすることで、財布のヒモが緩くなり、高額商品を気軽に買うようになります（これを「資産効果」と呼ぶ）。景気はますますよくなり、ついには過熱状態になります。

日銀、金利引き上げをためらう

景気が過熱すれば、金利を引き上げて冷ますのが中央銀行の役割です。たとえ嫌われても、「パーティーの途中でパンチボウルを取り上げる」のが役目です。

日銀としても、公定歩合の引き上げのタイミングを検討していました。そこに発生したのが、「ブラック・マンデー」（暗黒の月曜日）でした。一九八七年一〇月のこと。アメリカ・ニューヨークの株式市場が大暴落を演じたのです。

日本やドイツが、景気の過熱を冷ますために金利を引き上げるのではないかと予測した世界の投資家が、「日本やドイツが金利を上げれば、アメリカの資金が日本やドイツに流れ、アメリカの株式市場からも資金が流出して株価が下がる」と考え、株を売ったためでした。これにより、本当に株価が暴落したのです。みんなが予測すると、結果的に予測通りのことが起きてしまう。市場経済では、こういうことがよく起きます。これを「予言の自己実現」と呼びます。

さて、困ったのは日銀でした。ここで金利を上げれば、投資家たちの予想通り、アメリカから資金の流出が続き、アメリカ経済に悪影響を及ぼすと考えた日銀は、金利引き上げをためらいました。

結局、日銀が金利を引き上げたのは八九年五月になってからでした。二・五％という歴史的な低金利が二年三か月も続いたのです。これがバブルをさらに大きくしました。

一方、ドイツ連邦銀行（中央銀行）は、アメリカに遠慮せずに金利を引き上げ、バブルの発生を未然に防ぐことができました。遠慮なくなすべきことを実行する。ドイツ連邦銀行の頑固さを感じますが、日銀は、そこまで頑固さを貫くことができなかったのです。

日銀の逡巡《しゅんじゅん》により低金利は継続され、バブルが大きく膨らんでしまいました。これが、日銀の判断ミスと批判されています。

バブル退治で不景気に

バブルを膨らませたとして批判を受ける日銀は、今度はバブル退治でも批判を受けることになります。

空前の好景気は地価を上昇させます。地価の高騰でサラリーマンのマイホームの夢は遠のき、無策だと批判を受けた大蔵省は、不動産の「総量規制」を実施しました。

これは、銀行に対して、不動産業向けに貸し出す金額の伸び率を、銀行が貸し出す資金全体の伸び率以下に抑えるように求めたものです。当時、不動産業向けの資金貸し出しは急増していましたから、結果として総量規制は、「もう不動産業者には資金を貸すな」という意味を持ちました。

不動産業者は銀行から資金が借りられなくなったために、土地を新たに買う動きはストップします。買い手が突然消滅したことで、地価は急落しました。

日銀もバブルつぶしに乗り出しました。公定歩合を急ピッチで引き上げたのです。一九八九年五月からわずか一年三か月の間に五回も引き上げ、公定歩合は、二・五%だったものが六%にまで急上昇しました。これでは資金を借りて事業を拡大しようという企業は激減します。

かくしてバブルは、はじけたのです。

地価の下落で、土地を担保に資金を融資していた金融機関は、担保価値が下がって不良債権の山を築きました。金融機関の経営が悪化し、経営破綻する金融機関が相次ぎました。

二〇〇一年三月、政府は「日本経済は緩やかなデフレ」にあるという見解を示しました。ついにデフレに突入してしまったのです。

日銀は、金利引き上げが遅れたためにバブルを生み出し、その反省から今度は金利引き上げに熱心になりすぎて、結局はバブルをつぶすどころか、経済全体を失速させ、不況に追い込んだと批判されることになったのです。

ついに金利をゼロまで引き下げた

いったん景気が悪化すると、今度は日銀は一転して金利の引き下げを始めます。相次ぐ引き下げで、一九九八年九月には、ついに無担保コールレート翌日物つまり政策金利を〇・二五％にまで引き下げたのです。かつてない低金利でした。

それでも景気の落ち込みに歯止めがかかりません。追い詰められた日銀は、一九九九年二月一二日の金融政策決定会合で、ついに「ゼロ金利政策」を採用しました。日銀の発表は、次のような表現でした。

「無担保コールレート（翌日物）を、できるだけ低めに推移するよう促す。その際、短期金融市場に混乱の生じないよう、その機能の維持に十分配慮しつつ、当初、〇・一五％前後を目指し、その後市場の状況を踏まえながら、徐々に一層の低下を促す」

これを読めばわかるように、一般には「ゼロ金利」と呼ばれますが、日銀自身は「ゼロ金利」という言い方をしていません。まずは〇・二五％から、おそるおそる〇・一五％にまで下げる。その後、さらに〇％近辺まで下げていくという慎重なやり方でした。

翌三月になると、コールレートは〇・〇二％から〇・〇三％の水準で推移するようになります。

コール市場では、短資会社と呼ばれる業種の会社が借り手と貸し手の資金を仲介します。たとえばコールレートが〇・〇二％の場合、貸し手は〇・〇一％で資金を貸し、短資会社が〇・〇二％分の仲介手数料を取り、借り手は〇・〇三％の金利を払います。

貸し手にすれば、資金を貸しても〇・〇一％の金利しか得られないのですから、事実上ゼロ金利が成立したことになります。ついに前代未聞の「ゼロ金利」に突入したのです。

ゼロ金利を解除した

一時はどん底に落ちた日本経済も、二〇〇〇年に入りますと、明るい兆しが見え始めます。

二〇〇〇年三月の国内卸売物価指数（メーカーから出荷される時点での商品の値段の推移を示す数字）は前年同月比で〇・一%の上昇を見せたのです。二年一か月ぶりの前年比プラスでした。景気回復の動きが緩やかながら見えてきました。

当時の日銀の速水総裁は、伝統的な日銀マンとして、ゼロ金利政策を快くは思ってはいませんでした。景気の悪化から、緊急避難的に金利をほぼゼロに下げたものの、金利がゼロになると、それ以上金利を下げることはできなくなります。中央銀行として金利を上下させるという金利政策が不可能になっていることに苛立っていたのです。

日銀マンとしては、「金利をいつでも下げることができる」という余地を残すために、ある程度の金利があったほうがいいという考え方を持っていました。そこで、景気が少しでも回復の兆しを見せたら、金利を引き上げ、ゼロ金利政策を解除しようとしていました。卸売物価の上昇は、景気回復を示す数字に見えました。

そこで二〇〇〇年八月一一日に開かれた金融政策決定会合で、政策金利を〇・二五％に引き上げることを決めました。いわゆる「ゼロ金利政策」を解除したのです。

このとき金融政策決定会合に出席していた政府代表の大蔵省政務次官は、日銀法にもとづいて議決の延期を求めました。

政府代表は金融政策決定会合で議決権を持ちませんが、「決議を次回まで延期してくれ」と要求する権利があります。この権利を、初めて行使したのです。

政府としては、景気が回復基調にあるとはいえ、依然状況は厳しく、ゼロ金利解除は景気回復に悪影響を与えるので、決議を延期してほしい、というものでした。

政策委員会は、政府代表の延期要求を認めるかどうか採決を行いました。その結果、賛成一、反対八の圧倒的多数で否決。議決は延期せず、ここに、ゼロ金利政策解除が決定しました。

ゼロ金利復活への模索

ところが皮肉なことに、この頃からアメリカ経済はＩＴバブルがはじけて景気が減速し、日本経済にも影響が出てきます。いったん回復基調を見せた景気が、再び悪化し始めたのです。

これが日銀によるゼロ金利解除の直後だったことから、「速水総裁はゼロ金利解除を急ぎ、景気回復の動きを腰折れさせた」という批判を浴びるようになります。

ゼロ金利を解除したから景気が再び悪化したのか、アメリカ経済の影響で悪化しただけなのか、検証はむずかしいのですが、少なくとも景気悪化の時期には金利引き下げが必要です。そのときに逆に金利を引き上げたのでは、判断ミスと批判されても仕方のない面があります。まことに景気判断はむずかしいものです。

景気が悪化したら、さっさと自己批判して再び金利を下げればいいのですが、日銀には、ことのほかプライドが高い人たちが多いものですから、そう簡単にはいきません。

単純に政策金利を再び引き下げ、ゼロ金利に戻したのでは、前の日銀の判断が誤りであったということになってしまいます。

そこで、政策金利を動かす前に、別の金融緩和措置を打ち出すのです。

「日本版ロンバート型貸し出し」の新設

それが、「日本版ロンバート型貸し出し」でした。二〇〇一年二月九日、日銀が新たな金融緩和措置として導入しました。

この「ロンバート」とは、中世イタリアのロンバルディア地方のこと。この地方の商人たちが編み出した「担保つき貸し出し」のことを「ロンバート型貸し出し」と呼びます。ECB（欧州中央銀行）では以前から行われてきた手法です。

日本版ロンバート型貸し出しは、取引先に融資をする資金が必要になった金融機関が、日銀に資金の貸し出しを申し込むと、日銀は、その金融機関から担保をとって資金を貸し出す、というものです。

日銀は通常、自らの判断で金融機関への資金の供給を行いますが、日本版ロンバート型貸し出しは、金融機関が国債や手形などの担保を差し出して資金の貸し出しを申し込めば、日銀は受動的に（自動的に）貸し出すというものです。

これですと、金融機関は、他の金融機関から資金を借りることができなくても、担保を差し出せばいつでも日銀から資金を借りることができます。それだけ金融不安解消に役立つというわけです。

この際の貸し出し金利は、従来の公定歩合の金利で、「基準貸付利率」といいます。日本版ロンバート型貸し出しの正式名称は、第7章で説明した「補完貸付制度」ですが、公定歩合の名前を変えただけともいえます。この時に新設されました。

金融機関が日銀に申し込めば、いつでも補完貸付制度の金利で資金が借りられるので、この金利が上限の役目を果たします。日銀に申し込めば資金を借りられるのに、それより高い金利で他の金融機関から資金を借りようという金融機関はないからです。

この制度の導入で、金利がそれ以上に上がるのを防ぐ効果もありました。

金利はゼロ以下に下げられない

日銀はさらに二月二八日、政策金利を〇・二五%から〇・一五%に引き下げました。しかし、これは、典型的な「小出し作戦」でした。〇・一ポイント下げたところで、大勢に影響はなく、景気対策にはまったく役に立ちませんでした。むしろ、日銀の打ち出せる対策が手詰まりになっているという印象を与えただけでした。

こうなると、再びゼロ金利に戻すしかないのでしょうか。ここで、金利はゼロ以下に下げることができないという限界に突き当たります。

実は理論的には「マイナス金利」も可能です。銀行に資金を預けると、預金者は銀行に利息を払わなければならない、というのがマイナス金利です。でも、それだったら誰も銀行に資金を預けませんね。ですから、実際には金利をゼロ以下にすることはできないのです。

その一方で、デフレで物価が下落していくと、実質金利はプラスになってしまいます。これは、こういうことです。たとえば銀行に一〇〇万円を金利ゼロで預金すると、一年たっても預金額は一〇〇万円のままです。ところが、物価の下落が進み、一〇〇万円の商品が一年後に九〇万円で買えるようになっていれば、額面一〇〇万円の預金は、九〇万円を使ってもまだ一〇万円残ります。この一〇万円分が、実質的な利子に当たるのです。

これがデフレの怖さです。デフレになると、金利引き下げが効果を発揮しなくなるからです。

ゼロ金利から量的緩和へ

ゼロ金利には限界があります。そこで、それに代わるものとして、「量的緩和政策」が浮上しました。金融機関が日銀当座預金に預けている金額の量を増やしていこうというものです。

日銀が、金融機関が保有している国債を購入し、支払い代金を、その金融機関の日銀当座預金に振り込みます。この金額が増えていけば、金融機関は、「日銀の当座預金に預けていても資金が増えるわけではないから、この金をどこかの企業に貸し出そう」と考えるようになり、貸し出しが実行されれば、景気回復に効果があるだろうという考えです。

イメージとしては、貯水タンクから何本ものホースが出ている図を考えてください。このホースは目詰まりしていて、水が勢いよく流れません。そこで貯水タンク

量的緩和政策のイメージ

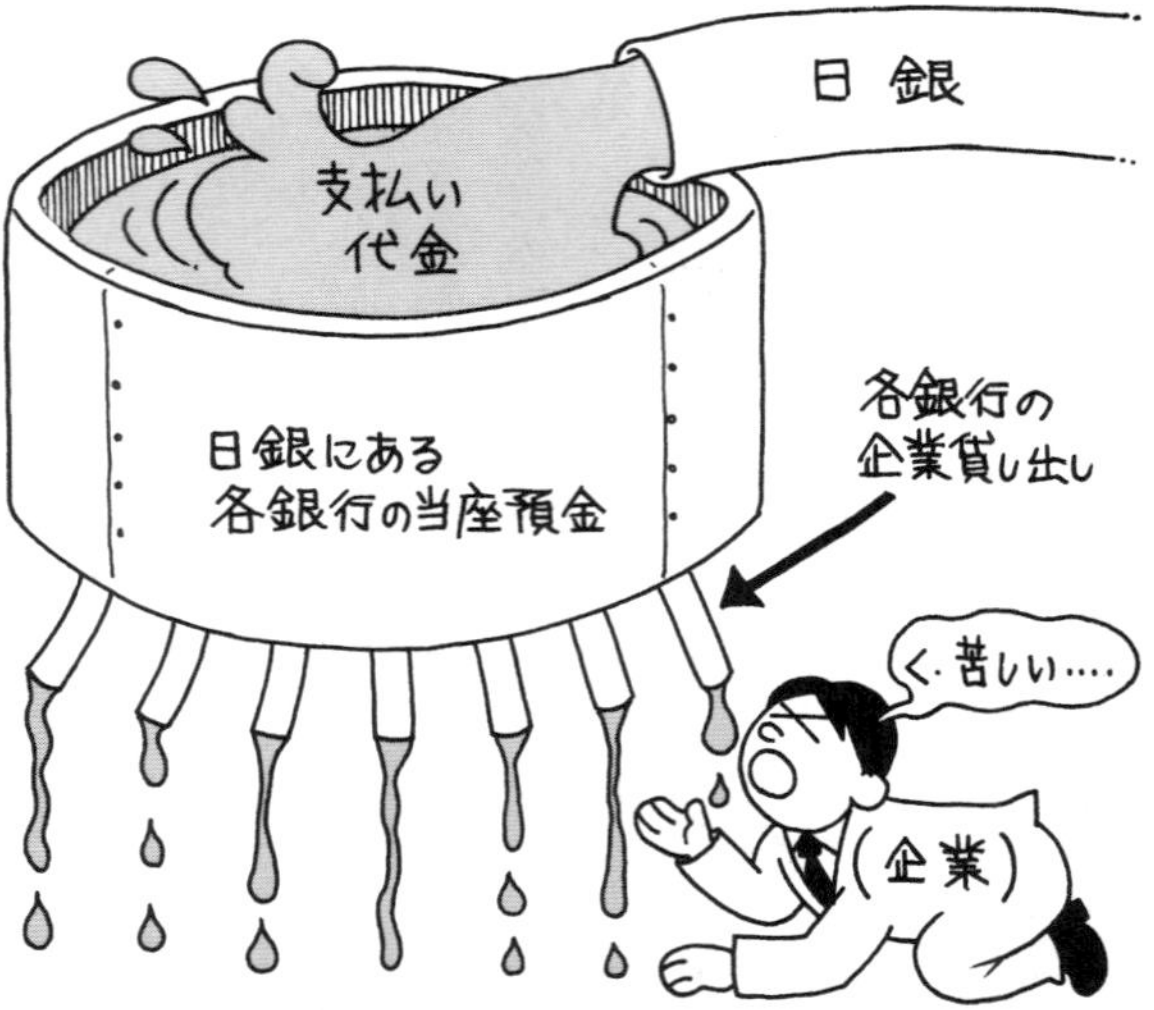

に大量に水を貯めると、その高い水圧でホースの目詰まりが解消し、ホースから水が外に出ていくようになる。こんなイメージだったのです。ここでいう水がお金のことで、貯水タンクが当座預金を示します。当座預金残高が増えれば、水圧も高まるだろうという発想です。

実際に水の流れがよくなるか、つまり世の中のお金の流れがよくなるかどうかは不明だけれど、とりあえずはやってみよう、ということだったのです。

こうして二〇〇一年三月一九日に開かれた金融政策決定会合で、量的緩和政策を採用しました。このとき日銀は、次のように発表しました。

「金融市場調節に当たり、主たる操作目標を、これまでの無担保コールレート（オーバーナイト物）から、日本銀行当座預金残高に変更する。この結果、無担保コールレート（オーバーナイト物）の変動は、日本銀行による潤沢な資金供給と補完貸付制度による金利上限のもとで、市場に委ねられることになる」

この方針にもとづき、まずは当座預金残高の目標を五兆円に引き上げました。準備預金制度によって、金融機関は日銀の当座預金に一定額を預金しておくことが義務づけられています。金融機関が資金不足に陥って金融不安が起きるのを防ぐため、いわば日銀という金庫にいざというときのお金を入れておく、というイメージです。この総額は、平均して四兆円前後です。それを五兆円にまで増やすという目標を掲げたことになります。

実際のところ、量的緩和をしたところで、ゼロ金利政策とどう異なるのか、という点では不透明でした。日銀はこの後、量的緩和政策に関して、政界への説明に苦労することになります。量的緩和を導入した日銀の本音は、次のようなものだったと言われています。

単純なゼロ金利政策に戻すだけだと、ゼロ金利を解除した日銀の責任が問われる。政策金利はすでに〇・一五％に下がっており、金利をゼロにしても効果は薄い。金融政策が出尽くしたというマイナスの印象を与える。

その点、量的緩和政策なら、新しい政策を打ち出した印象があり、ゼロ金利政策解除の責任論をかわせる。

金利がゼロになっても資金を供給し続けるので、「対策が出尽くした」という見方を防ぐことができる。

プライドと責任逃れと、新しい対策を打ち出したいという焦燥感。こうした諸々の要素によって、量的緩和政策は実施されたのです。

しかし、実のところ、ゼロ金利政策と量的緩和政策は、同じコインの裏表の関係にあるともいえます。

金利をゼロに引き下げたら、「いつでも資金を借りられる」という「量的緩和」

状態になります。

一方、量的緩和を進めれば、結果的に金利はゼロに下がります。金利が下がり、資金がジャブジャブと出回る状態を、金利の側から「ゼロ金利」と呼ぶか、資金量の面から「量的緩和」と呼ぶかの違いに過ぎなかったとも言えるのです。

「市場の期待」対策に「時間軸効果」も

量的緩和に踏み切る際、日銀は「時間軸効果」も導入しました。量的緩和政策を続ける期間を、「消費者物価指数の前年比上昇率が安定的にゼロ％以上となるまで、継続することとする」という表現を入れたのです。

これは、「市場の期待」に働きかけるという性格のものです。

量的緩和政策を実施していると、いずれは景気回復の兆しが見えてくることでしょう。そのとき市場は、「そろそろ日銀が金利引き上げに動くのではないか」と予測（期待）して、金利が上がってしまう可能性があります。

しかし前もって、「消費者物価指数が上がり始めるまで量的緩和を解除しない」と宣言しておけば、金利の上昇を事前に食い止める働きがあります。たとえ景気が回復しても、消費者物価指数が上昇しなければ、「まだ日銀の金利引き上げはない」とみんなが考え、金利はゼロの状態にとどまるからです。

「インフレ目標《ターゲット》」の主張高まる

日銀が量的緩和政策を「消費者物価指数の前年比上昇率が安定的にゼロ%以上となるまで、継続することとする」と宣言したことには、時間軸効果以外の狙いもありました。わざとインフレを引き起こそうとする「インフレ目標」（インフレ・ターゲット）の要素をさりげなく盛り込んだのです。

日銀の金融政策には、さまざまな批判がつきものですが、その中に、「日銀はインフレ目標を掲げて金融緩和を進めるべきだ」という批判もありました。

「日本経済はデフレに陥っている。ここから脱出するためには、あえて意図的にインフレを引き起こすという思い切った手を打たなければダメだ。消費者物価指数を〇％上昇させますと宣言し、国債を買い続けて金融を緩和させるべきだ」という批判です。

アメリカFRBのバーナンキ議長も、当時プリンストン大学教授として、日銀の金融政策を批判し、「インフレ・ターゲットを導入すべきだ」と主張していました。

これに対して日銀は、「インフレにすると宣言しても、それでインフレが実現するわけではない。もしインフレにすることに成功しても、いったん始まったインフレは、抑えるのがむずかしい。だからインフレ目標を掲げるのは現実的ではない」と反論していました。

FRB議長バーナンキ
（写真提供：共同通信社）

ところが、「消費者物価指数の前年比上昇率が安定的にゼロ％以上」になるまで量的緩和を進めると宣言したということは、「消費者物価指数を上昇させます」と宣言したに等しい部分があります。日銀は「インフレ目標」を否定してきたのですが、時間軸効果を入れたことで、「インフレ目標」導入論に半分応える内容でもあったのです。

預金残高目標、次々に上積み

日銀はその後も当座預金残高の目標を引き上げていきます。

当座預金残高の目標は、三月に五兆円で始まりましたが、八月には六兆円に引き上げられ、一二月には、「一〇兆円から一五兆円」という幅のある表現に変わります。

さらに翌年二〇〇二年一〇月には、目標を「一五兆円から二〇兆円」に引き上げます。二〇〇三年三月には、目標を「一七兆円から二二兆円」に。四月に「二二兆円から二七兆円」に。五月には「二七兆円から三〇兆円」、一〇月に「二七兆円から三二兆円」に、それぞれ引き上げていったのです。

効果がなかった?

日銀の量的緩和政策によって、金利水準は再びほぼゼロになりました。ゼロ金利になると、どんなことが起きるのでしょうか。

コール市場の金利が〇・〇一％だと、一〇〇億円を貸し出しても、一晩につく利子は二七三九円に過ぎません。これが金利〇・〇〇一％だと、利子はわずか二七三円。これでは取引コスト（仲介手数料や送金の際に利用する日銀ネットの手数料など）を払うと赤字になってしまいます。

金融機関にすれば、資金は貸さないほうがいいということになってしまいます。いわば金融機関が「タンス預金」してしまうのです。金融機関同士の資金の流れは改善されませんでした。

また、金融機関にすれば、たとえ当座預金残高が増えても、景気回復して金融不安が解消しなければ、貸し出しが増えることにはならないという思いがありました。

そこで、日銀当座預金残高がドンドン増え続けることを、金融業界で「ブタ積み」と自嘲する表現が生まれました。「ブタ」とは、花札で「ゼロ」の意味。転じて「役に立たない」という意味で使われます。「ムダに積み上げられている」という批判だったのです。

こうしたことから、量的緩和政策に関しては、実際には景気対策に効果がなかったという指摘があります。

しかし、その一方で、金融機関の当座預金には膨大な残高があるという安心感が、金融不安の激化を抑え、結果として景気悪化を食い止める効果があったのではないかと私は考えています。量的緩和は積極的な景気対策には結びつかなかったけれど、金融不安を食い止める効果はあったと思うのです。

ついに銀行保有株買い取りへ

しかし、それでも金融不安はなかなか解消しませんでした。二〇〇二年九月になると、多額の不良債権を抱える銀行への不信から、銀行株を中心に株価全体が下がり続けます。日経平均株価はついに九〇〇〇円を割り込む事態になりました。

この当時、銀行は株式持ち合いで他社の株を大量に保有していました。「株式持ち合い」とは、銀行が資金を貸し出す先の企業の株を保有し、その企業も銀行の株を保有するという関係です。お互いが株式を持ち合うことで運命共同体になると同時に、互いに大株主でいることで、他社からの買収攻勢をかわせるという効果がありました。

ところが、この株式持ち合いが災いします。他の企業の株も下がると、その株を持っている銀行の資産が劣化します。そこで銀行株がまた下がるという悪循環に陥るのです。

これが生命保険会社にも飛び火します。生命保険会社は、客から預かった保険料を運用するために大量の株を保有しています。株価下落で生命保険会社の資産が劣化し、経営危機に陥るところも出てきたのです。

このため日銀は、窮余の一策として、株を直接買い入れるという奇策に踏み込みました。同月に開かれた日銀の政策委員会で、銀行が持っている株の直接買い入れを決めたのです。金融政策決定会合ではなく、通常の日銀の業務を話し合う事務的な会合で決定するという、さりげない形式をとりました。

大手銀行など一五行が保有する株を、時価で買い入れました。当初の買い入れ目標は二兆円でしたが、その後三兆円に拡大します。

これは、日銀が株を買い入れて資金を供給するというよりは、銀行の株を買い取ることで、銀行が株を保有するリスクを減らすことが目的でした。

ただし、これは日銀にとっても冒険。「禁じ手」でした。日銀は、国債のような絶対安全な資産を買い取り、それを裏付けにして紙幣を発行しています。ところが株は、下がるリスクがあります。買い取った株の価格が下落したら、日銀の資産が劣化するという危険がある行為だったのです。

その後、景気回復と共に、日銀は保有していた株の売却を始めます。買い取ったときより価格が上がっていましたから、結果として日銀は「うまい投資」をしたことになります。

ところが、二〇〇八年に発生した金融危機により、株価が暴落し、銀行が保有する資産が再び劣化すると、二〇〇九年になって、日銀は再び銀行の保有株を購入することになります。

量的緩和政策を解除

過去に例を見ない金融政策である量的緩和政策は、二〇〇六年三月になって、ついに終わりを迎えます。消費者物価指数の前年比プラスが定着した（つまり景気回復が着実に進んでいる）として、日銀は量的緩和政策を解除しました。

とりあえずは段階的に当座預金残高を減らしていき、六兆円程度にまでした上で、その後は政策金利を徐々に引き上げていく、という筋道を描いたのです。実際には、二〇〇八年の金融危機発生を受け、再び政策金利をほぼゼロの状態にまで戻さざるをえなかったのですが。

日本の低金利が世界のバブルを生んだ

ゼロ金利政策から量的緩和政策と、日本の金融政策は、長期間にわたって、金利がほぼゼロという状態が続きました。これが、世界の住宅バブルや原油高騰、穀物価格の上昇を招いたという指摘があります。

日本の低金利は世界でも例がない状態でしたから、これに目をつけたヘッジ・ファンドが、日本で低金利で資金の融資を受け、これをドルやユーロ、オーストラリアドルなどの高金利の通貨に替えて投資や投機を行ったのです。これを「円キャリートレード」といいます。

日本から流出した多額の資金が、さまざまな市場に流入。バブルを招いたというわけです。また、円を他の通貨に替えたことで、円安が進み、これが日本の輸出産業に追い風になりました。

日本の低金利政策が、世界のヘッジ・ファンドにも、日本の輸出産業にも好都合だったのです。

しかし、金融危機が発生したことで、事態は逆転します。投資や投機を手仕舞しなければならなくなったヘッジ・ファンドは、手持ち資金を円に替えて返済します。この結果、膨大な円買いが発生し、急激な円高を引き起こしたのです。

第10章

景気の動向を常に監視

「日銀短観」は常に大ニュース

日本の金融政策を決定するためには、日本経済の現状をしっかり把握しておかなければなりません。景気が下降し始めたら、金利の引き下げなど金融緩和の準備を、景気が過熱し始めたら、金利の引き上げなど金融引き締めの用意をしなければならないからです。

日本銀行の支店が全国各地に存在するのも、各地の経済の現況をいち早く摑《つか》むためなのです。

日本銀行が集めている資料は膨大なものになりますが、景気見通しのデータに関しては、年に四回発表される「日銀短観」がとりわけ有名です。発表内容は速報され、常に大きなニュースになります。企業の経営者が、これからの日本経済がどうなると見ているのかがよくわかるからです。

このほか、毎月発表される「金融経済月報」や、毎年四月と一〇月という半年に一回まとめる「経済・物価情勢の展望」（展望リポート）も、景気の変わり目などに、日銀がどんな判断を示しているか注目されます。

さらに、全国各地の経済状態を伝える「さくらレポート」もあります。こうしたデータについて解説しましょう。

日銀短観はアンケートだ

「日銀短観によりますと、大企業の製造業で、これから景気がよくなると考えている企業の割合は、前回調査に比べて……」

こんなニュースがよく登場します。最近では、「TANKAN」という名前で海外でも知られるようになりました。

正式には、「全国企業短期経済観測調査」といいます。どんな「調査」なのか。要するに「アンケート調査」なのです。と言っても、あなどるなかれ。そこらのアンケート調査とは雲泥の差です。

このアンケート調査は、日本銀行の調査統計局が、民間企業一万社以上を対象に、年に四回実施している調査です。

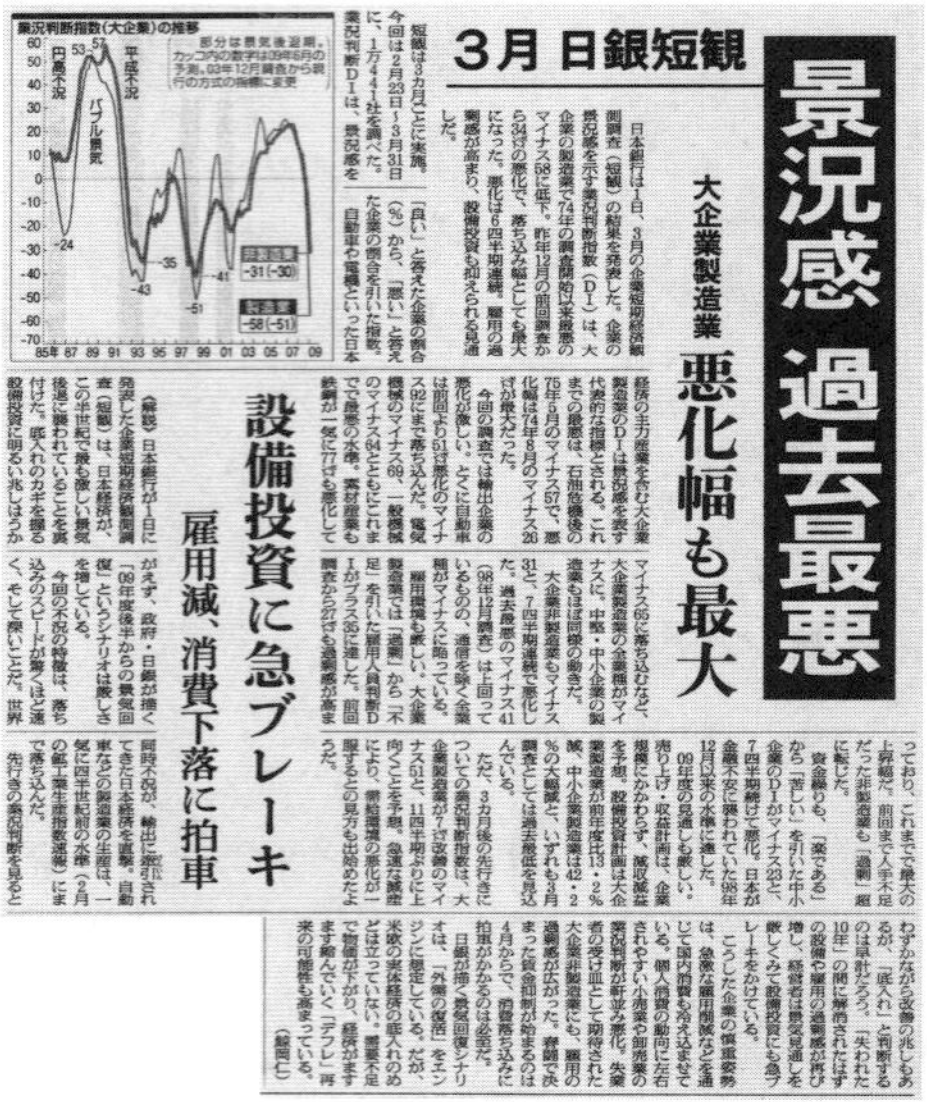

日銀短観を伝える新聞記事（2009年４月１日付『朝日新聞』夕刊）。世界同時不況が、輸出に牽引されてきた日本経済を直撃。業況ＤＩは、大企業の製造業で74年の調査開始以来最悪のマイナス58に低下した

調査結果は、製造業一六業種、非製造業一四業種に分けて公表されます。また、規模別に大企業、中堅企業、中小企業の三つに分類されて発表されます。

大企業は資本金が一〇億円以上、中堅企業は一億円以上一〇億円未満、中小企業は二〇〇〇万円以上一億円未満です。

調査内容は、大きく分けて二つ。企業心理と経営内容です。ニュースでよく取り上げられるのは企業心理についての調査結果で、これは「業況判断」と呼ばれます。

「業況判断」はこうして計算

「業況判断」は、企業の経営者に、経営状態が「良い」「さほど良くない」「悪い」の三つの選択肢から一つを選んでもらいます。

これを集計し、まずは返答があった企業全体の中で「良い」と答えた企業の割合を計算します。次に、「悪い」と答えた企業の割合を算出します。

その上で、「良い」割合から「悪い」割合を引いた数字を出します。この数字を「DI（ディフュージョン・インデックス）」といい、この数字の変化で、企業経営者の景気判断の変化を見るのです。

たとえば、「良い」と答えた企業の割合が二六％あって、「悪い」と答えた割合が八％だったとすれば、二六から八を引いた一八という数字が、「業況DI」です。このとき「業況DIは一八」として発表されます。

この数字を前回調査と比較します。前回調査の結果が「一六」だったら、今回の方が数字が高いので、「景気が良いと答えている経営者の割合が前より増えている」ということになります。

それだけ景気について楽観的な気分が世の中に広がっていることがわかります。

一方、「良い」が一八%、「悪い」が二四%であれば、「業況DIはマイナス六」ということになります。二〇〇九年四月一日に発表された日銀短観の大企業の業況DIはマイナス五八にまで下がり、過去最悪を記録しました。大きなニュースになったことは、言うまでもありません。

「景気」判断は「気持ち」が大切

業況DIが上昇していれば、世の中に楽観的な気分が広がっていることになりますし、下降していれば、悲観的な気分が蔓延《まんえん》していることがわかります。世の中に楽観的な気分が広がっているということは、「日本の景気は良くなっている」と判断する大きな材料の一つになります。

景気という言葉には、「気」という文字が入っています。気持ちの問題という部分が大きいのですね。

「景気が良い」と思っている経営者が多ければ、今後の経営方針についても強気になって、「設備投資を増やそう」「従業員をもっと採用しよう」ということになる可能性が高くなります。そうなれば、実際に景気は良くなりますし、さらに良くなっていく可能性もあります。

「景気が悪い」と考える経営者が多ければ、今度は反対の動きが加速するでしょう。

「短観」は日銀の調査だけあって信用がありますから、調査対象企業も協力的。企業に回答義務はありませんが、アンケートの回収率は極めて高く、全体の回収率は九八％前後にも達しています。これほど回収率の高いアンケート調査は、ほかにはちょっとありません。「あなどるなかれ」と言ったのには、そんな意味もあったのです。

発表前の「短観」の情報管理は厳格

日銀は、この「短観」のデータや時系列での変化を見ながら、今後の金融政策を考えていきます。

「短観」の結果には、投資家も注目しています。「景気が良い」と答えた経営者が多いと、「おっ、景気はいいな。では、株式市場もこれに反応して株価が上がるな。よし、その前に株を買おう」と考えて行動する人たちが出てきます。そうなれば、実際に株価は上がります。「短観」の結果が悪ければ、逆に株価が下がる可能性があるでしょう。

こうなると、投資家たちは、日銀短観の情報を早く手に入れたいと考えるようになります。そこで日銀は「短観」の情報管理に神経を尖《とが》らせることになります。

かつては前日にデータを集計し、一部の関係先に速報していたため、データ漏洩の疑惑が取りざたされたことがあります。このため現在は管理が厳重になりました。データを扱えるのは少数の職員に限られ、発表前日までにデータを入力しますが、それをまとめるのは、発表当日の早朝という徹底ぶりです。

情報管理ばかりではありません。発表時間にも気を使います。株式市場が開いている最中だと、情報の伝わり方によって混乱が生じる恐れがあります。かといって、日本の株式市場が終わった後に発表したのでは、欧米での株式市場は反応しますが、肝心の日本の市場での反応が出るのは翌日になってしまいます。それもおかしいというわけで、日本の株式市場が午前九時から始まるのに合わせて、その直前の午前八時五〇分に発表することになっています。

発表された数字は通信社が直ちに速報。投資家や関係企業は、その数字を見て、今後の投資方針を決定することもあります。

「短観」は、「世の中を動かす数字」なのです。

「金融経済月報」も注目される

「わが国の景気は大幅に悪化している」

こんなショッキングな書き出しで始まったのは、日銀の「金融経済月報」二〇〇九年一月号です。

日銀短観の発表は年四回ですが、それとは別に、毎月、日銀が独自に経済情勢を調査・分析して公表しているのです。

二〇〇八年秋以降、世界経済の悪化に伴い、日本経済も急激な悪化が進んでいるのではないかという報道がされていましたが、それを日銀が裏付けたのです。権威ある日銀の報告が、「大幅に悪化」という表現を使ったことに衝撃を受けた関係者も多かったようです。

「景気は悪化している」と書くこともできたのに、あえて「大幅に悪化している」と断定するところに、調査内容に対する自信がうかがえます。

月報の概要では、この書き出しに続いて、輸出が大幅に減少、企業収益は悪化を続け、設備投資も減少、個人消費は弱まり、住宅投資減少、公共投資低調、という表現が並び、「以上のような内外需要を反映し、生産の減少幅はさらに拡大している」と結んでいます。

では、今後の見通しはどうなのか。「景気は、当面、悪化を続ける可能性が高い」と記しています。なんとも率直な表現です。日本経済の現状と先行きの見通しを知る上で、「金融経済月報」がいかに注目されるか、この内容や表現でもわかろうというものです。

政策委員の判断示す「展望リポート」

日銀が発表する短観で、企業経営者の認識と見通しはわかりました。足もとの日本経済の現状は、「金融経済月報」で把握できます。では、金融政策を決める日銀の政策委員たちは、今後の経済動向をどう見ているのか。それを知ることができるのが、毎年四月と一〇月に発表される「経済・物価情勢の展望」（略して「展望リポート」）です。金融政策決定会合で内容が決定されます。

九人の政策委員たちが、経済成長率や消費者物価指数の変動率、企業物価指数の変動率に関して、それぞれ独自に予測の数値を報告し、これを集計します。ここから、最大と最小の数値を除外し、残りの委員たちの数字を平均して、「大勢見通し」を出し、発表するのです。

最大と最小の数字を除外するので、政策委員たちの大勢、平均的なものの見方がわかるというわけです。

「現場の息づかい」を調べる

日銀は、金融政策を担当する以上、常に日本経済の実態に目配りをしていなければなりません。日本経済の実態を把握するには、大別してマクロ調査とミクロ調査があります。

マクロ調査は、経済全体を大づかみにする方法です。日本のGDP（国内総生産）や鉱工業生産指数、消費者物価指数など、各省庁などが集計して発表している数字を分析します。日銀が企業経営者にアンケートする「日銀短観」も、「金融経済月報」も、「展望リポート」も、そうしたマクロ調査のひとつです。

一方、ミクロ調査は、もっときめ細かな調査です。現場に足を運び、企業の関係者から聞き取り調査をするというのが主な方法です。「現場の息づかい」を知ることで、マクロ調査で出てくる数字に具体的な裏づけを与えたり、マクロ調査では拾いきれない実情などをすくいとったりすることができるのです。

そこで日銀の各支店では、「現場の声」を収集分析しています。それが「さくらレポート」です。

「さくらレポート」という名前を聞くと、桜の開花宣言や開花情報のようにも聞こえますが、これは、日本銀行が年に四回発表している「地域経済報告」の愛称なのです。

全国を北海道、東北など九つの地域に分け、それぞれの地域の経済の状況についてまとめています。表紙は薄いピンク色。これが、「さくらレポート」という愛称のゆえんです。実際は、「さくらレポート」という愛称が先に決まり、それに合わせて表紙の色を決めたというのが真相ですが。

アメリカのFRB（連邦準備制度理事会）が発表する経済報告が、報告書の表紙の色から「ベージュブック」や「グリーンブック」などと呼ばれていることを意識したネーミングです。アメリカが「ベージュブック」だったら、日本ならではの色の名前で呼びたい。それは何色かとスタッフが考えた結果、「日本といえば桜でしょう」ということになったのです。

地域の声をまとめる

ミクロ調査の中心になるのは、日本銀行の全国の支店や事務所、それに本店の調査統計局にいる総勢約一六〇人の産業調査スタッフです。全国各地の企業を訪ね、景気の状態を調べます。東京にいるスタッフだけでは地方経済の実情把握はなかなかむずかしいのですが、日銀には支店だけでも全国に三二あります。そこのスタッフが聞き取り調査することで、地方の事情をつかむことが可能になります。

これを集大成したのが、「さくらレポート」です。日銀では、毎年一月、四月、七月、一〇月の年四回、総裁をはじめ全役員、全国の支店長などが集まって、「支店長会議」を開きます。これは必ずテレビや新聞でニュースになります。この会議の場で全国の支店長が地域の様子を報告します。これに合わせて、「さくらレポート」がまとめられているのです。

矢印で景気動向を示す工夫も

これを読むと、地域の様子がよくわかります。たとえば、二〇〇六年一月に発表された「さくらレポート」を読みますと、北海道の景気の様子について、前年一〇月の報告では、「横ばい圏内で推移している」と表現されていたのが、「緩やかながらも持ち直しの動きがみられる」と変わりました。景気がなかなかよくならなかったのが、少しよくなってきた、というニュアンスが読み取れます。

また、北陸は、前年一〇月では、「緩やかな回復を続けている」だったのが、「裾野を広げつつ、緩やかな回復を続けている」となっています。これが九州・沖縄となりますと、前年一〇月に「緩やかに回復している」という表現が、「着実に回復している」と変化しています。

どうですか。前回との変化がはっきり読み取れる言い回しになっているのです。きっと、「前回と同じにしようか、少し強めた表現にしようか」という内部での検討が白熱したであろうことが推測できそうな文章です。

しかも、この判断の変化具合を示すために、報告書には、「判断の変化」を矢印で示しています。この矢印が、横向きか上向きか下向きかで、動向が一目で判断で

「さくらレポート」の景気判断

	2008年10月判断 前回対比：「上方修正」0地域 「現状維持」0地域 「下方修正」9地域	判断の変化	2009年1月判断 前回対比：「上方修正」0地域 「現状維持」0地域 「下方修正」9地域
北海道	やや厳しい状況にある	⇘	厳しさが増している
東北	弱めの動きが広がっている	⇘	悪化している
北陸	停滞している	⇘	悪化している
関東甲信越	停滞している	⇘	悪化している
東海	なお高水準を保ちつつも、下降局面にある	⇘	急速に下降している
近畿	停滞している	⇘	悪化している
中国	一部に弱い動きがみられるが、全体としては概ね横ばいで推移している	⇘	悪化している
四国	やや弱めの動きとなっている	⇘	弱い動きが広がっている
九州・沖縄	停滞している	⇘	悪化している

出所：日本銀行「地域経済報告」(2009年1月)

きるように工夫されています。これを見ると、前年一〇月の報告書ではいろいろな方向を向いていた矢印が、二〇〇六年一月では、すべて右肩上がりに揃いました。日本経済全体が上向きになっていることがわかります。

一方、上の二〇〇九年一月のレポートになりますと、すべての地域で「判断の変化」の矢印が右下を向きました。日本経済全体が下降していることを示しています。

北海道の場合、前年一〇月には「やや厳しい状況にある」という表現だったものが、「厳しさが増している」に変化しています。

これが東海になりますと、前回は「なお高水準を保ちつつも、下降局面にある」だったものが、「急速に下降している」になってしまいました。

こうした表現の推移を、関東甲信越で見てみましょう。

「緩やかな拡大基調にある」（二〇〇八年一月）、「やや減速している」（四月）、「減速している」（七月）、「停滞している」（一〇月）、「悪化している」（二〇〇九年一月）。

時系列で見ると、地域経済が失速し、急激に悪化していく様子がよくわかります。

ただ、こうした景気の変化は、地域によって大きな違いがあります。そうしてバラつきも、この報告書でわかります。

「さくらレポート」に、名前の通り全国から「さくら咲く」という明るい報告が届くようになる日が待ち遠しいのですが。

日銀も銀行をチェックする

日本銀行は経済状況を調査するだけではありません。金融機関への立入り調査を実施し、金融機関の経営状態を調べる仕事もしています。それが、「日銀考査」です。

金融機関の経営状態が悪化して、もし経営破綻などということになれば、金融不安を引き起こしかねません。そこで、ふだんからチェックして、もし問題があれば、経営改善を求めます。もし破綻しそうであることが判明したら、その後の対策をとります。そのための調査が日銀考査なのです。

調査対象は、日銀に当座預金口座を開いている金融機関です。ほぼ三年に一度のペースで考査を実施しています。たとえば二〇〇七年度の場合は、国内の銀行三九社、信用金庫六六社、外国銀行や証券会社一四社の計一一九社に対して実施されています。

金融庁の検査と日銀考査の違い

実は金融機関に対するチェックは、金融庁も実施しています。金融庁の場合は「検査」と呼びます。金融庁と日銀は、どう違うのでしょうか。

一言で言うと、金融庁の検査には法的根拠があります。銀行法で検査が義務づけられており、立入り調査権や資料提出請求権という権限が金融庁に与えられています。もし金融機関が検査を拒否すると罰せられることもあります。

一方、日銀の考査は日銀法にもとづいて実施されますが、考査対象の金融機関との間で「考査契約」という契約を結び、双方の合意の上で実施されています。金融機関側が考査を拒否しても、罰則規定はありません。

金融庁の検査は、金融機関の経営状態が健全かどうかを主に調べるため、原則として抜き打ち検査になります。

これに対して日銀考査は、契約にもとづいたチェックですから、事前に金融機関に知らされ、事前に準備しておくものも指示されます。

では、なぜ二種類ものチェックがあるのでしょうか。金融庁としては、金融機関に対する全般的な監督責任がありますから、経営状態をしっかり監視する必要があります。このため、経営内容に関して、細かいチェックを実施します。経営内容に口を出す、と言ってもいいでしょう。

これに対して日銀の場合は、社会的な金融不安を招かないようにすることに重きが置かれます。そこで、リスク管理がしっかりしているかという観点から、いわば経営コンサルタント的なチェックということになります。

ある地方銀行の経営幹部は両者の違いを、「金融庁は無礼だが、日銀は紳士的」と私に説明してくれました。

金融機関には「三つのリスク」がある

日銀考査では、三つのリスクに関して重点的なチェックが行われます。

その第一は、「信用リスク」です。

金融機関は、貸した金が戻ってこないかもしれないというリスクを常に抱えています。これが信用リスクです。そこで日銀考査では、金融機関の貸し出しの中身をチェックします。貸し出し債権が、正常債権なのか、不良債権なのかを検討します。

金融機関にすれば、不良債権は少ない方がいいので、実態は不良債権になっていても、帳簿上は正常債権に分類してしまうことがあります。これでは、いずれ経営に悪影響を及ぼします。そこで、早めに不良債権に分類し、引当金を積むように指導します。引当金とは、貸した金が戻ってこないことを前提に、その分の金を用意しておくことです。

また、金融機関が自身で信用リスクを管理する部門をきちんと設置しているか、それが十分に機能しているかを詳細に調べます。

第二のリスクは「市場リスク」です。

金融機関は、株などの有価証券を大量に購入しています。各種のデリバティブ取引も行っています。このため、株式市場が暴落するなど市場が大きく変動した場合、多額の損失を被る恐れがあります。これが市場リスクです。こうしたリスクの管理も重要な考査対象です。

第三のリスクは「流動性リスク」です。

金融機関が多額の預金引き出しにあうと、手元資金が枯渇します。さらに預金引き出しに対応するために、高金利で資金を借りる破目に陥るかも知れません。預金者から預かった資金を貸し出すのは当然の業務ですが、貸し出し過ぎて、手元に十分な資金（手元流動性）がないと、いざというとき危機に陥ります。これが「流動性リスク」です。このリスクをきちんと調べ、もし金融機関に手元資金がなくなった場合は、日銀が「最後の貸し手」として、資金を供給することもあるのです。

緊張感と、天下りと

こうした金融機関への調査は、金融機関に緊張感を与えます。金融機関としては、金融庁の検査や日銀の考査で問題点が指摘されないように緻密な仕事をするようになるからです。

これは大変望ましいことですが、その一方で、日銀考査が日銀の天下りシステムを支えているという指摘もあります。

日銀職員の天下りを受け入れておけば、日銀にうるさいことを言われずに済むだろうという思惑です。全国の金融機関の役職員を見ると、かつての大蔵省や金融庁、日本銀行の職員だった人があちこちに存在します。もちろん中には、その能力や経験を買われて第二の人生をスタートさせた人もいるでしょうが、金融庁検査や日銀考査を背景に、金融機関側が自主的に天下りを受け入れるようになる構造も存在しているのです。

第11章

FRBは「アメリカの日銀」

金融危機対策でゼロ金利に

二〇〇八年九月に発生したリーマン・ブラザーズの破綻に端を発する金融危機は、アメリカの金融界を震え上がらせ、お金の流れが止まりました。この事態に対処すべく、アメリカのFRB（連邦準備制度理事会）は、この年の一二月、政策金利の誘導目標を、それまでの年一・〇％から大幅に引き下げ、年〇・〇％から〇・二五％の範囲内に収まるようにすることを決定しました。事実上のゼロ金利政策に踏み出したのです。

さらに二〇〇九年一月には、ゼロ金利政策を継続すると共に、長期国債の買い入れの準備を始めました。いわゆる「量的緩和政策」へと足を踏み入れたのです。

こうしたアメリカの経済ニュースに登場するのがFRBです。これは「連邦準備制度理事会」と訳されます。日本経済新聞だけは「連邦準備理事会」と、「制度」という用語を省いて訳しています。ややこしくなるので短くしたのでしょう。

このFRBは、日本なら日本銀行に当たると説明されます。要するにアメリカの中央銀行なのですが、日銀とはだいぶ異なります。どんな組織なのか、ここで確認しておきましょう。

分散型の連邦準備銀行へ

ＦＲＢの制度が成立したのは一九一三年のことです。それまでアメリカには中央銀行が存在しませんでした。それぞれの民間銀行が、保有する金《きん》の量を元にして紙幣（兌換《だかん》紙幣）を発行していました。このため、民間銀行の経営が破綻し、預金者による取り付け騒ぎが発生しても、混乱を鎮める仕組みがなかったのです。

その欠陥が明らかになったのが、一九〇七年に発生した金融危機でした。当時のアメリカは、パナマ運河が開通し、スペインとの戦争（米西戦争）にも勝利し、経済は好況に沸き立っていました。ところが、好況が続くためには、十分な資金が行き渡ることが必要です。当時のアメリカには、それだけの資金を供給できる銀行が存在せず、ついにこの年の一〇月、ニューヨークの銀行で取り付け騒ぎが発生してしまいました。この騒ぎは瞬く間に全国に波及します。

この混乱を受け、アメリカ政府は、アメリカにも中央銀行を設立し、もし民間銀行が経営破綻したら、「最後の貸し手」として資金を供給できるようにしようと決めました。

ここまでは関係者の意見が一致しましたが、問題は中央銀行の性格でした。大手銀行の経営者たちは、民間が資金を出し合って、強大な中央銀行を設立すべきだと考えました。

ところが、地方分権思想の強いアメリカのこと。地方の経済界からは、強大な中央銀行に支配されるのは嫌だという反発の声が出ました。中央銀行が誕生すると、資金が中央に集まってしまうという危惧もありました。このため、「中央銀行」を全国各地に分散して設立することになりました、中央銀行は首都に一つしか存在しないからこその中央銀行ですが、ここが連邦国家アメリカらしいところ。各地に「連邦準備銀行」が設立されました。

アメリカは、各州や各自治体に警察がある一方で、中央にＦＢＩ（連邦捜査局）が存在し、各地にＦＢＩの支局が存在します。これと同じような構図だと考えてください。

「連邦準備銀行」の「準備」とは、「預金準備」のことです。もし民間銀行が経営破綻したとき、預金の支払いができるように、各銀行はあらかじめ各地の連邦準備銀行に準備預金をしておくのです。つまり、「取り付け騒ぎが起きないように準備する」というような意味になります。

このひとつひとつの連邦準備銀行が、それぞれの地域での、いわば日本銀行のようなものです。日本の新聞は、こうした連邦準備銀行を「地区連銀」と表記します。ただし、首都ワシントンに、全国の連邦準備銀行を統括する組織を置くことになりました。これが「連邦準備理事会」です。その後組織は改組され、いまのような連邦準備制度理事会に発展しました。

連邦準備銀行をいくつ設置するか

連邦準備銀行を設立するためには、新しい法律が必要です。日本ですと、議員が法案を提出することもありますが、内閣提案の法案が議会に提出されることが通常です。ところがアメリカでは、大統領には法案提出権がありません。必ず議員が提案します。

当初は民主党議員が、「全国に二〇か所以上の連邦準備銀行を設立する」という法案を提出しました。

これに対して、中央の大手銀行主導型を望む共和党は、少しでも数を少なくしようとします。その一方で、地方分権を求める民主党議員の中には、「各州に一つずつ」という提案をする人も出ました。

その結果、連邦議会の下院では「二〇行以上」となり、上院では「八行以上、一二行以下」という法律が通ってしまう事態になりました。

上院と下院で通過した法案の中身が異なる場合は、両院協議会で話し合います。日本の国会の両院協議会は、形式的なもので、与野党が対立するだけですが、アメリカの両院協議会では、妥協案作りに向けて実質的な話し合いがなされます。

その結果、上院案の上限である「一二行」で妥協が成立しました。全国に一二の連邦準備銀行を設立することになったのです。

一晩で救援を求めに行ける距離に

全米五〇州（当時はハワイがまだアメリカに併合されていませんでしたが）を一二の連邦準備銀行が分担して管轄するという、いまの形が、このとき完成しました。どの地区連銀がどの州を管轄するかは、次ページの地図を見てください。

連邦準備銀行を設置する都市は、どの民間銀行からも、当時の鉄道で一晩のうちに駆けつけられる距離を勘案して決められました。もしどこかの民間銀行で取り付け騒ぎが起きた場合、助けを求める銀行の担当者が、担保になる手形などを持って一晩のうちに鉄道で連邦準備銀行に行き、翌日には連邦準備銀行から資金が供給できるようにする、というわけです。

連邦準備銀行は、当時の全米の民間銀行が出資して設立されました。国有銀行ではなく、民間の資金で設立された銀行なのです。

それぞれの地域で中央銀行の役割を果たしますから、独自に紙幣を発行し、公定歩合の金利を決めることもできます。経営は独立採算制です。

各地区連銀の所在地

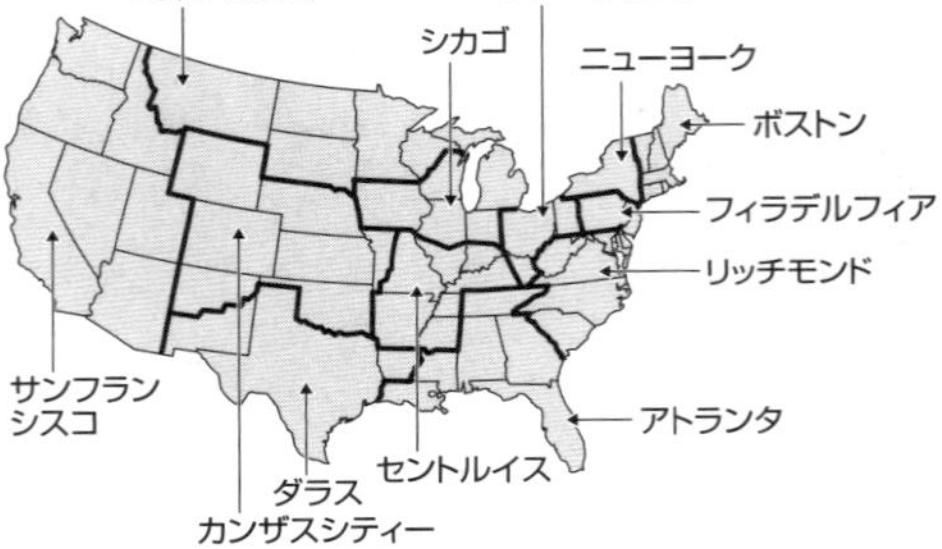

注：矢印は都市名でなく各地区連銀名で、太線で囲んだ部分が管轄地区

１ドル札。Bのマークで、ニューヨーク連銀発行のものとわかる

アメリカのドル紙幣には、どこの地区連銀で発行されたものか、独自のアルファベットが印刷されています。紙幣の表の真ん中に肖像画があり、その左側の丸で囲まれたアルファベットが、それです。Aはボストン連銀、Bはニューヨーク連銀、Cはフィラデルフィア連銀で、一二番目のLはサンフランシスコ連銀です。ニューヨークで受け取ったドル紙幣にLのアルファベットが印刷されていると、この紙幣が西海岸から東海岸まで旅して来たことがわかります。

全体を統括するFRB

いくらアメリカが地方分権だといっても、ひとつの連邦国家なのですから、金融政策に関しても統一した方針が必要になります。そこで各地の連邦準備銀行を統括するシステムができました。これがＦＲＢ（連邦準備制度理事会）です。システムなので、「制度」という言葉が入っています。全体を統括する理事会が設置され、全体の金利水準を決定する権限が与えられました。

理事の数は議長も含め七人。大統領が指名し、議会上院が承認する必要があります。任期は一四年で再任されません。任期が長いのは、政治の思惑で理事が大幅に入れ替えられるのを防ぐためです。政府からの独立を確保する制度です。

連邦準備銀行、米国債購入へ

当初、各地の連邦準備銀行は、加盟する銀行から持ち込まれる商業手形の割引が主な業務でした。

企業同士の取引は、通常は現金払いではなく、手形で支払います。取引先に、「○月○日に○○の金額を支払います」という手形を渡します。受け取った会社は、この手形を銀行に持ち込み、現金化します。銀行は、満期までの日数に応じて、額面の金額から割り引いた現金を会社に渡します。

額面より金額が割り引かれているので、これを「手形の割引」といいます。満期の額面より割り引かれた金額の割合が、要するに金利に該当します。つまり「手形を担保に資金を貸し出した」形にもなるのです。

手形の割引に応じた各銀行は、この手形を管轄の連邦準備銀行に持ち込み、再び割り引いてもらいます。この割引の金利が、つまり公定歩合なのです。

各地の連邦準備銀行は、設立当初、この手形の割引による利子が主な収入源でした。

しかし、不況で経済活動が活発でなくなると、手形の取引も減りますから、地区連銀に持ち込まれる手形も減少します。これでは、独立採算制の地区連銀の経営は苦しくなります。そこで、一九二二年になると、各地区連銀は、管轄の各銀行から、米国債を購入するようになります。買い取った国債の金利収入が地区連銀の収益源となるのです。

こうして地区連銀が各銀行から国債を買い上げると、各銀行には大量の現金が供給され、結果として金融緩和の効果があることがわかりました。これが「公開市場操作」です。

ここから不況のときの景気対策には、中央銀行（地区連銀）が国債を買い上げることで資金を市場に供給するという、いまの金融緩和方式が確立していくのです。

当初は地区連銀が独自に国債の売買を実施していましたが、これでは混乱が起きるので、一九二二年、各地区の国債買い上げ（公開市場操作）は、ニューヨーク連銀の議長が議長を務める委員会が統括することになりました。

大恐慌で組織強化

一九二九年一〇月に発生したニューヨーク株式市場の大暴落をきっかけに、世界は大恐慌に突入していきます。しかしＦＲＢは、これを傍観し、適切な対策を打ち出すことができませんでした。

全国一二の地区連銀がバラバラに対策をとっていたからだという反省から、一九三三年、全国一二の地区連銀の権限を弱め、中央集権型のＦＲＢに改組されました。連邦準備理事会は、連邦準備制度理事会に改められました。各地区連銀の議長は、ＦＲＢの承認が必要となりました。

また、これまでニューヨーク連銀が中心になっていた公開市場操作は、連邦公開市場委員会（ＦＯＭＣ）が指揮することになりました。この委員会は、日本銀行では金融政策決定会合に該当します。

ＦＯＭＣの議長はＦＲＢの議長が務め、ニューヨーク連銀の議長が自動的に常任副議長に就任します。さらに残りの全国一一の地区連銀の議長のうち四人が毎年交代で委員を務めることになりました。

日本銀行が金融政策決定会合で政策金利を決定し、コール市場での資金の量を調節しているように、アメリカはＦＯＭＣがフェデラルファンド・レート（ＦＦ金利）を決定しています。ＦＦ金利は、日本のコール市場の金利に該当します。

ワシントンでFOMCが開かれ、FF金利の誘導目標が決まりますと、実際の国債の売買による公開市場操作はニューヨーク連銀が担当しています。

マエストロと呼ばれたグリーンスパンだが

FRBといえば、二〇〇六年一月まで議長を務めたグリーンスパンが有名です。

グリーンスパン　（写真提供：共同通信社）

いつも話は難解で、何を言いたいのかわからないことが多いのですが、アメリカの経済を長く繁栄させることに成功したと評価され、「マエストロ」（名指揮者）と呼ばれました。

ところがグリーンスパンが退任後、アメリカではサブプライムローンが破綻し、世界経済は大動乱の時代を迎えました。

このため、グリーンスパンが在任中、サ

ブプライムローンの危険に気がつかず、むしろ住宅バブルを煽《あお》ったとして批判されるようになりました。まことに人の評価は激変するものです。

「ヘリコプター・ベン」

マエストロの後任が、現在のベン・バーナンキ議長です。共和党支持者だったこともあって、二〇〇六年一月、ブッシュ前大統領によってＦＲＢ議長に任命されました。

プリンストン大学教授の時代には、日銀の金融政策を厳しく批判していました。「日銀は金融緩和に消極的であり、ヘリコプターから紙幣をまくような政策をすべきだ」と批判しました。つまり、それだけ大胆な金融緩和を実施すべきだと主張したのです。日銀が世の中の金回りをよくするためなら、「ケチャップを買ってもいい」とまで言ったものです。中央銀行が紙幣を刷ってケチャップを買い込めば、それだけ世の中にお金が出回るようになり、デフレから脱出できる、というわけです。

こんな大胆な発言から、「ヘリコプター・ベン」という愛称がつきました。

ケチャップならぬ長期国債を買うバーナンキ

そのバーナンキがFRB議長に就任した途端、アメリカ経済は、金融危機に見舞われました。FRBは、積極的に金融緩和に努めています。政策金利をほぼゼロに引き下げ、日銀がかつて実施したのと同じゼロ金利政策を始めました。

さらに、これまでの短期国債に加えてアメリカの長期国債の買い入れを始めました。アメリカの金融機関は、資金運用のために短期国債や長期国債を保有していま す。この国債をFRBが買い上げれば、金融機関には現金が大量に流れ込みます。金融機関が大量の現金を持てば、銀行間の資金の貸し借りの金利が下がります。この金利をほぼゼロに下げるのがゼロ金利政策です。金利が低ければ、企業は銀行から資金が借りやすくなり、景気が回復するだろうという政策です。

日銀に対して「ケチャップを買え」と言ったバーナンキ議長は、ケチャップならぬアメリカの長期国債を大量に買い込んでいるのです。

サブプライムローンの破綻に端を発し、リーマン・ブラザーズの破綻で世界を巻き込んだ金融危機。アメリカの経済の動向は、世界経済を動かします。そのアメリカ経済を指揮するＦＲＢの判断・行動には、世界の注目が集まるのです。

第12章

金融グローバル化時代の日本銀行

金融恐慌のさなか、「歴史的な会合」に

二〇〇八年一一月にアメリカ・ワシントンで開かれた金融サミット（G20）。金融の世界での主役の交代を告げるかのような歴史的な会合になりました。

これまで世界経済に関しては、先進七か国首脳会議か、あるいは七か国蔵相・中央銀行総裁会議（G7）で決まった結論が世界を動かしてきました。それにロシアが加わった主要国首脳会議が方針を打ち出すこともありました。

ところが今回は、先進国だけでは手が負えなくなり、新興国も含め計二〇か国にまで参加国を拡大しなければならなくなったのです。一部の先進国だけで世界経済の流れを決めることができなくなったという点で、「歴史的な会合」になったのです。

ドルを基軸通貨として再確認

この会合では、金融危機に対して世界各国が協調して対処することを確認しまし

G20金融サミット。左からポールソン米財務長官、ブッシュ大統領、麻生首相
（写真提供：共同通信社）

た。この時点では、世界が協調姿勢を示し、国際的な不安の解消に努めるしか方法はなかったということもできます。

この会合で、アメリカに対する注文も出ましたが、結局は、ドルを基軸通貨とする現在の体制を維持していくことを確認しました。結局はドル以外に「世界のお金」はないので、みんなで支えようという結論です。

金融サミットの前、フランスのサルコジ大統領やイギリスのブラウン首相は、「ブレトンウッズ2」を考えるべきだと発言していましたが、会合では、主要テーマにはなりませんでした。各国とも、いまの時期にドルに代わる通貨を議題にすると、ドル暴落が起きかねず、国際経済は一段と混乱すると考え、課題を先送りにしたのです。

しかし、いつまでもドル基軸体制が続くわけはありません。いずれ何らかの改革案が検討されるはずです。

では、どのような案が検討されることになるのか。そこでヒントになるのが、「ブレトンウッズ2」という用語です。これを考える前に、そもそも「ブレトンウッズ」とは何のことか、振り返っておきましょう。

「ブレトンウッズ体制」

現在の国際通貨体制は、「ブレトンウッズ体制」と呼ばれます。この名前は、第二次世界大戦中の一九四四年、戦後の国際通貨体制をどう構築するか、連合国の金融問題専門家が集まって開かれた会議の開催地が、アメリカ・ニューハンプシャー州ブレトンウッズという小さな村だったことに由来します。

会議では、戦後の国際通貨体制をドル基軸にすべきだと主張するアメリカ代表と、「バンコール」という新たな「国際通貨」を創設すべきだと提案するイギリス代表が衝突しました。イギリス代表は、かの有名な経済学者ジョン・メイナード・ケインズでした。

現在では、ケインズ案の方が優れていたという歴史的評価が定まっていますが、当時のイギリスは、大戦の被害ですっかり疲弊し、アメリカに経済力でかなわなくなっていました。結局、アメリカ案が採用され、「世界のお金はドル」と定められたのです。

世界各国の通貨はアメリカのドルとの交換レートを固定し、いつでもドルと交換できるようにしました。そのドルは、金《きん》と交換が可能で、各国がアメリカに対して金との交換を要求すると、アメリカは金一オンス（二八・三五グラム）＝三五ドルで交換に応じることになっていました。つまり、ドルを基軸にした国際的な「金本位制」にしたのです。

しかし、ドルが基軸通貨になったことで、アメリカは世界のどこでも気軽にドル

ブレトンウッズ協定でのイギリス代表ケインズ(右)とアメリカ代表ホワイト(左)。このときホワイトの主張が通り、ドルが「世界のお金」、基軸通貨となった(1946年3月8日)

1971年8月15日、ニクソン大統領はドルと金との交換を停止することを発表し、世界経済は大混乱に陥った(ニクソン・ショック)　(AP Images)

で買い物できるという状態になり、世界中にドルがあふれ、各国がアメリカに金との交換を迫っても、アメリカ国内に交換に応じられるだけの金が存在しなくなってしまいます。

このため一九七一年八月、アメリカのニクソン大統領は、「ドルと金《きん》との交換を停止する」と発表しました。これをきっかけにドルの通貨価値は下落。固定相場制は崩壊し、現在の変動相場制になりました。

国際通貨「バンコール」の見直しへ

「弱い通貨」が「世界のお金」では、国際通貨体制は不安定になります。そこでいまになって見直されるようになったのが、ケインズの主張した「バンコール」なのです。

バンコール（bancor）とは、英語のbank（銀行）と、フランス語のor（金《きん》）を組み合わせたケインズの造語です。金など国際的に取引される基本的な資源や素材商品三〇品目をベースにした国際通貨を創設するというものです。各国の貿易の決済は、バンコールで行うことになっていました。

その決済を行う場所はＩＭＦ（国際通貨基金）。つまり、ＩＭＦが「世界の中央銀行」になるというものでした。しかしアメリカは、自国の上に「世界の中央銀行」が存在することが気にくわず、ケインズ案に反対。バンコールは実現しませんでした。

いまの国際経済では、単純な「バンコール」復活というわけにはいきませんが、国際投機の奔流を制御するために、「世界の中央銀行」を創設することは、今後も検討されることになるでしょう。

外国為替相場への介入も業務

一九七一年以来、ドルは金と交換できなくなりましたが、他にドルに代わる通貨は現れず、依然としてドルが「世界のお金」の座を保っています。自国の通貨価値をドルと固定している国もあります。中東の湾岸諸国や、国ではありませんが香港ドルもそのひとつです。

先進国の場合は、ドルとの為替相場は日々変動します。変動相場制になると、通貨価値は、他の商品と同じく、「需要と供給」で変動します。円を求める動きが強ければ円高になり、その逆なら円安に動きます。ドルが「世界のお金」という立場に変わりはないので、円高や円安は、あくまで対ドルとの関係で決まります。

通貨価値が需要と供給の関係で決まる以上、人為的に「需要」を生み出し、通貨価値を変動させようという動きも出てきます。

二〇〇八年の金融危機以来、欧米の金融機関が軒並み危機に瀕したことで、相対的に日本経済が見直されたこともあり、円高が進行しました。

しかし円高は、日本の輸出産業にとって不利。日本経済に深刻な悪影響を及ぼしています。こうした円高水準が続くと、「為替介入をして円安に誘導すべきだ」という声が高まってきます。円売りドル買いによって、円安に誘導すべきだというわけです。

もし為替介入する場合は、政府（つまり財務省）の判断で行われますが、実際の業務は日本銀行が請け負います。実際の業務は、次のような手順で実施されます。

財務大臣が「為替介入が必要」と判断しますと（その多くの場合は円売りドル買いですが）、財務省の担当者が、日銀のディーリンググルームに電話をかけます。専用のホットラインがあるのです。

財務省から具体的な「円売りドル買い」の指示を受けた日銀のディーラー（取引担当者）は、金融機関や外国為替のブローカーに対して、具体的な売買の指示を出します。この段階で、外国為替の市場では、「日銀が乗り出した」という噂があっという間に広がります。「日銀が乗り出した」という情報が伝わることで、他の業者も「円売りドル買い」の動きに乗ってくれば、為替相場を円安に動かしやすいという日銀側の思惑もあり、日銀介入の噂が広がることを期待している側面もあります。

もし介入する時間帯が夜になりますと、日銀は、その時間に為替取引が活発に行われている市場を担当している外国の中央銀行に対して、為替介入を委託することもあります。

かつては、この手法で円高に誘導したり、円安に動かしたりしたこともありましたが、外国為替市場の規模が大きくなりすぎたため、現在では為替介入の効果は極めて限定的と考えられるようになりました。日本政府も為替介入をしなくなっています。為替相場は市場に任せるというのが、いまや世界の金融関係者の共通理解になりました。

世界の金融不安対策も担う日銀

リーマン・ブラザーズの破綻に伴う金融危機に見舞われた二〇〇八年九月、日本銀行は、アメリカのＦＲＢ（連邦準備制度理事会）と総額六〇〇億ドルのスワップ（交換）協定を締結しました。その後、供給額を一二〇〇億ドルまで倍増させ、一〇月になると、スワップの上限を撤廃してしまいました。日本銀行とＦＲＢは、いくらでも円とドルを交換できるようになったのです。

これは、国際的な金融不安に対処する日本銀行のひとつの手法でした。

アメリカ発の金融危機によって、日本で活動する外国銀行の中には、取引に必要なドルが一時的に入手できなくなったところが出ました。こういう場合、日銀がド

通貨スワップの仕組み

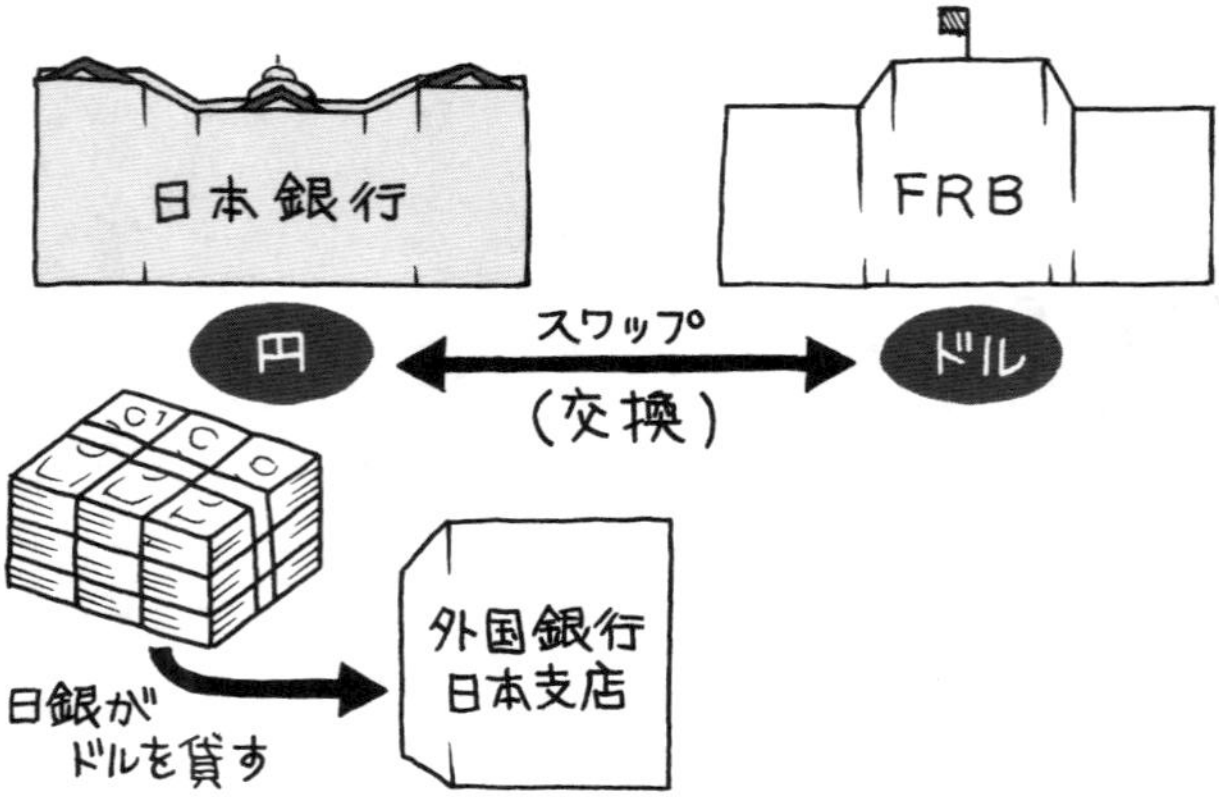

ルを貸し出せばいいのですが、通常の場合、日銀は十分なドルを保有していません。そこで、FRBとの間で円とドルを交換し、ドルを必要とする金融機関にドルを貸し出したのです。

この年の一〇月に韓国のウォンが暴落し、韓国でも金融危機が発生したとき、日本政府は、円と韓国ウォンのスワップを総額八〇〇億ドルまで保証し、いつでも韓国を支援する用意があると声明を出しています。

このように日本銀行は、国際的な金融不安に対処する準備もしています。とりわけアジア各国の中央銀行と協力し、金融不安に陥った国への援助をしています。

ヘッジ・ファンドのもくろみを阻止

世界中で利益を上げようと活動しているヘッジ・ファンド。このファンドが、アジアの某国に狙いを定めたとしましょう。その国の銀行から大量の資金を借り、それを一気にドルに両替しようとします。つまり「ドル買い」をしようとします。

その国の中央銀行が持っているドルの資金量には限りがありますから、いつまでも「ドル買い」に応じることはできません。いずれ中央銀行はギブアップします。

通貨の価値も商品の値段と同じで需要と供給の関係で決まりますから、多額の「ドル買い」の動きが出れば、その国の通貨の価値は暴落します。

通貨が暴落したところで、ヘッジ・ファンドは、いったんドルに両替していた資金を、おもむろにその国の通貨に再両替し、銀行に資金を返します。その国の通貨の価値は下がっていますから、返済する資金は、実質的には目減りしています。このやり方をとれば、ヘッジ・ファンドは多額の利益を獲得することが可能になります。

このような手法を「通貨のカラ売り」といいます。一九九七年から九八年にかけて、実際にアジア各国で発生したのです。これが「アジア通貨危機」です。アジア各国は経済が大混乱に陥りました。

こんな混乱を起こさないようにするには、どうしたらいいのでしょうか。たとえばヘッジ・ファンドが大量の「ドル買い」の攻勢をかけてきても、その国の中央銀行が、他国の中央銀行から多額の資金を借りられれば、ヘッジ・ファンドには負けません。アジア通貨危機の後の二〇〇〇年、そんな仕組みが作られました。これを「通貨スワップ（交換）」の取り決めといいます。

日本、中国、韓国とASEAN（東南アジア諸国連合）五か国が、この取り決めをしました。たとえばタイ中央銀行が資金不足に陥った場合、日本銀行は財務大臣の代理人として、三〇億ドルまでの資金を交換（貸し出し）することができます。

この仕組みがつくられたのがタイの地方都市チェンマイだったので、「チェンマイ・イニシアティブ」といいます。

この仕組みは、その後さらに発展し、現在では、二国間の通貨スワップの取り決めのネットワークは計一六件、総額七五〇億ドルにも上っています。二〇〇二年三月には、中国人民銀行との間で三〇億ドルまでの円と人民元のスワップの取り決めを結んでいます。

これが、日本銀行の「国際金融システム安定への取り組み」です。

アジアの債券市場の育成にも

アジアの開発途上国の場合、海外からの投資はありがたいのですが、もし海外からドルを借りていると、自国の通貨価値が急落した場合、借金の返済はドル建てですから、返済すべき金額は増大してしまいます。

それを防ぐには、それぞれの国で、その国の通貨建てで債券を発行し、買ってもらうことです。これなら、通貨の変動にかかわらず、返済は自国の通貨ですみます。

しかし、アジア各国では、こうした債券市場が十分発達しているとはいえません。

そこで日本銀行が提唱して、一九九一年からＥＭＥＡＰ（東アジア・オセアニア中央銀行役員会議）が発足しました。アジアでの債券市場の育成に取り組んでいます。

やがて「アジア共通通貨」へ

二〇〇六年五月には、インドでのアジア開発銀行（ADB）の年次総会に合わせて、東南アジア一〇か国と日本、韓国、中国の財務大臣が「ASEANプラス三」の会合を開きました。この会合で、将来、アジア各国の通貨の価値を加重平均した新たな指数を作り、これを「アジア通貨単位」（ACU）として、各国の通貨と連携させていくことが確認されました。

いまのヨーロッパの共通通貨ユーロも、かつては「ヨーロッパ通貨単位」（ECU）として始まりました。同じような構想を、アジアでも検討していこうという動きです。

同じキリスト教文明を基盤とするヨーロッパと異なり、宗教も経済体制も多様なアジアでは、ユーロのような共通通貨の実現には長い時間がかかりますが、いまから検討を始めていこうということです。

日本銀行も、二〇〇五年には国際局の中に「アジア金融協力センター」を設置しました。今後のACU構想に向けて、日銀も研究を始めています。これも、金融グローバル化時代の日銀のひとつの姿です。

おわりに——日銀は「奴雁《どがん》」たりうるか

歴代の日銀総裁の中でも、とりわけ高い評価を得ているのは、第二四代の故・前川春雄です。一九七九年に日銀総裁に就任した前川は、第二次オイルショックで混乱する日本経済を見事に立て直した人物として、日銀職員の尊敬を集めています。

前川は、福沢諭吉の論集にある「奴雁《どがん》」という言葉を好みました。雁の群れがエサをついばんでいても、必ず一羽は首を上げて周囲の様子をうかがい、危険が迫っていないか番をする雁のことを奴雁といいます。

前川は、日銀という中央銀行は、そうした奴雁の役割を果たさなければならないという信念を持っていました。

日銀は、日銀法改正により、独立性を獲得しました。しかし、その独立性は、法的根拠が与えられたからといって、自動的に確保できるものではありません。前川は、一九八二年の日銀百周年記念式典で、次のように挨拶しています。

「国民の信頼は、金融政策が『通貨価値の安定』という使命を達成してこそ初めて得られるものである。いわゆる中央銀行の独立性、金融政策の中立性の基盤も、国民の信頼のなかにこそ形成される」

国民の信頼があってこそ、日銀は中央銀行としての役割を十全に果たすことができるのです。そのためにも、日銀は、専門性の殻に閉じこもるのではなく、国民の声を謙虚に聞き、わかりやすい言葉で自らの考えを積極的に発信していくことが求められています。

二〇〇八年に起きた日銀総裁をめぐる国会承認の混乱。世界金融不安が深化する中で、「日銀券に代わる政府紙幣の発行を」という主張。こうしたことが出てくるのも、現在の日銀に対する不満が各界に充満しているからです。

しかし見方を変えれば、不満があるということは、それだけの期待があるということでもあります。日銀は、「奴雁」の役割を果たしつつ、国民の期待に応えることができるのでしょうか。

この本の文章の一部は、筆者が日本銀行発行の広報誌「にちぎん」に連載していた「池上彰のやさしい金融経済教室」を元にしています。連載中は、日本銀行情報サービス局の方々に大変お世話になりました。ただし、本文の内容に関しては、あくまで筆者の責任において執筆しています。

この連載に気づいた平凡社の近藤真里子さんの提案で、この本が誕生しました。「連載をまとめれば簡単に本になりますよ」という近藤さんの言葉とは裏腹に、実際には大変な時間と労力がかかったのですが。

池上彰

二〇〇九年四月

主要参考文献

岩崎日出俊『リーマン恐慌』廣済堂出版
岩田規久男『ゼロ金利の経済学』ダイヤモンド社
岩村充『貨幣の経済学』集英社
遠藤勝裕『今だからこそ日銀の真実を語る』ビジネス社
加藤出『日銀は死んだのか？』日本経済新聞社
加藤出、山広恒夫『バーナンキのＦＲＢ』ダイヤモンド社
川北隆雄『日本銀行』岩波書店
久保田博幸『日本銀行の基本と仕組みがわかる本』秀和システム
香西泰、白川方明、翁邦雄編『バブルと金融政策』日本経済新聞社
清水功哉『日銀はこうして金融政策を決めている』日本経済新聞社
白川方明『現代の金融政策』日本経済新聞出版社
高橋洋一『この金融政策が日本経済を救う』光文社
田中宇『世界がドルを棄てた日』光文社
田中隆之『「失われた十五年」と金融政策』日本経済新聞出版社
田中直毅『マネーが止まった』講談社

田中秀臣『ベン・バーナンキ世界経済の新皇帝』講談社
中井省『やぶにらみ金融行政』財経詳報社
中原伸之、藤井良広 聞き手・構成『日銀はだれのものか』中央公論新社
浪川攻『前川春雄「奴雁」の哲学』東洋経済新報社
服部茂幸『金融政策の誤算』NTT出版
ベン・バーナンキ著、高橋洋一訳『リフレと金融政策』日本経済新聞社
浜矩子『グローバル恐慌』岩波書店
速水優『中央銀行の独立性と金融政策』東洋経済新報社
藤井良広『縛られた金融政策』日本経済新聞社
ウィリアム・A・フレッケンシュタイン、フレデリック・シーハン著、鈴木南日子訳『グリーンスパンの正体』エクスナレッジ
持田直人・眞板恵夫『目で見てわかる日銀の大常識』日刊工業新聞社
森佳子『米国通貨戦略の破綻』東洋経済新報社
森永卓郎『日銀不況』東洋経済新報社
山脇岳志『日本銀行の深層』講談社
吉野俊彦『円とドル』日本放送出版協会

このほか、日本銀行のホームページを参考にしました。

【著者】
池上彰（いけがみ あきら）
1950年長野県松本市生まれ。慶應義塾大学卒業後、1973年、NHK 入局。2005年まで32年間、報道記者として、さまざまな事件、災害、消費者問題、教育問題などを担当する。1994年から11年間は、「週刊こどもニュース」のお父さん役としても活躍。『池上彰の「世界が変わる!」』（小学館）、『世界一ニュースがわかる本』（毎日新聞社）、『14歳からの世界金融危機』（マガジンハウス）など、著書多数。

平 凡 社 新 書 4 6 4

日銀を知れば経済がわかる

発行日――2009年 5 月15日　初版第 1 刷
　　　　　2010年10月 4 日　初版第10刷

著者――池上彰
発行者――下中直人
発行所――株式会社平凡社
東京都文京区白山2-29-4　〒112-0001
電話　東京（03）3818-0743［編集］
　　　東京（03）3818-0874［営業］
振替　00180-0-29639
印刷・製本―図書印刷株式会社
装幀――菊地信義

ISBN978-4-582-85464-0
NDC 分類番号330　新書判（17.2cm）　総ページ240
平凡社ホームページ　http://www.heibonsha.co.jp/